Für Wolfgang!
Auch die Eintracht
ist ein guter Verein...

Günther Koch
13.12.05

Er ist der beliebteste Radioreporter in Deutschland, anerkannt und geschätzt von Fans, Experten, Trainern und Spielern. Im Stil seiner leidenschaftlichen Reportagen hat Günther Koch nun seine unglaublichsten, schönsten und persönlichsten Fußball-Geschichten und Anekdoten aufgeschrieben. Koch erzählt die dramatischen Minuten aus dem Nou Camp von Barcelona, als den Bayern innerhalb von zwei Minuten der Champions-League-Titel aus den Händen glitt. Er blickt in den Abgrund, in den seine Cluberer 1999 stürzten, schwärmt von seiner ersten Fußball-Liebe, dem 1. FC Traunstein, und gruselt die Leser mit seiner Schilderung des unheimlichen Geisterspiels auf dem Aachener Tivoli.

Günther Koch, geb. 1941, ist Fußballreporter, Lehrer und kritischer Fan des 1. FC Nürnberg. Seine Stimme und seine Fußball-Leidenschaft begeistern Anhänger, Experten und das Feuilleton. Die »Welt« schreibt »Günther Koch ist der Papst« und der »Stern« nennt ihn »die Stimme des Balls«.

Günther Koch
Der Ball spricht

Fußballgeschichten

Fischer Taschenbuch Verlag

Originalausgabe
Veröffentlicht im Fischer Taschenbuch Verlag,
einem Unternehmen der S. Fischer Verlag GmbH
Frankfurt am Main, November 2005

Redaktion: Tino Heeg
Daumenkino: Dorothea Koch
Druck und Bindung: C. H. Beck, Nördlingen
Printed in Germany

ISBN 3-596-16839-2

Inhalt

Unterwegs in Sachen Fußball

Der Aufzug im Stadion Nou Camp

Im Stadion Nou Camp in Barcelona dauert die Fahrt mit dem Aufzug zu den Reporterplätzen eine geraume Zeit. Es ist ein vornehmer Aufzug. Man hört eigentlich keine Fahrgeräusche. Der Aufzug setzt sich immer erst langsam und würdevoll in Bewegung. Und das nur dann, wenn der Fahrstuhlfahrer in adretter Barça-Uniform mit stolzem Blick das auch will. Zwischendrin gibt es natürlich noch mehrere Stopps auf anderen Etagen des Stadions. Wenn man also von seinem Reporterplatz zum Aufzug geht, mit dem Aufzug herunterfährt in die Mixed Zone – dort wo sich die Reporter nach dem Spiel um die besten Interviewpositionen und -partner balgen –, dauert dies alles in allem fast vier Minuten.

Im Champions League-Endspiel am 26. Mai 1999 ging der FC Bayern München gegen Manchester United früh in Führung. In der 6. Minute verwandelt Mario Basler einen Freistoß direkt: ein herrliches Tor. Im weiteren Spielverlauf ergeben sich für die Münchner mehrfach gute Chancen zum 2:0. Beispielsweise zieht der blöde linke Pfosten nach einem Sololauf Baslers und Scholls elegantem Heber über Torhüter Schmeichel den Ball magisch an sich (79. Minute). Und nur wenige Minuten danach, in der 84. Minute, kracht Janckers Fallrückzieher an die humorlose Querlatte.

Eine Minute vor Spielende klappen die deutschen Kollegen um mich ihre Laptops zu und machen sich mit nicht zu übersehender Genugtuung auf den Weg zum Aufzug: Man bereitet sich für den Nahkampf in den Katakomben vor. So fahren sie mit dem Aufzug nach unten, während die Bayern immer noch 1:0 in Führung liegen. Und während dieser knappen Minuten, in denen sie im Aufzug abgeschottet von der tobenden Fußballwirklichkeit stehen, dreht sich die europäische Fußballwelt – und sie merken es nicht. Sie fahren Aufzug.

Schließlich kommen sie mit dem Aufzug im Inneren des Stadions ganz unten an. Sie sind in den Katakomben des Nou Camp und eilen durch lange Gänge den Pfeilen nach, die zur Mixed Zone führen. Plötzlich dringt von außen Jubel, und zwar eindeutig als englischer Jubel auszumachen, an ihre Ohren. Und wenige Sekunden später werden sie von unseren, ebenfalls mit dem Aufzug angekommenen britischen Kollegen hart aber fair an die weiße Kalkwand gedrängt. Ja, ist denn das die Möglichkeit? Lauter jubelnde englische Reporter! Sie schauen sich an, und meine Kollegen werden kreidebleich. Langsam begreifen sie, was passiert ist.

Während der Aufzugfahrt hatte Manchester United das Spiel gedreht. Innerhalb von neunzig Sekunden. Durch Tore von Sheringham (90. Minute) und Solskjaer (90.+1. Minute). Manchester United mit Trainer Alex Ferguson und David Beckham, Giggs, Stam, Blomqvist und Schmeichel gewinnt glücklich 2:1.

Jetzt bricht alles auf einmal auch über ihnen zusammen. In diesen Sekunden denkt kein Reporter an die journalistische Unabhängigkeit, in diesem Moment ist jeder Fan, Fußballfan. Oder er hat seinen Beruf verfehlt. Und er ist ebenso geschockt wie Ottmar Hitzfeld. Erbarmungslos. Die Kollegen von der Zeitung müssen wieder umdrehen, ihre Berichte neu schreiben und auf Sieger-Interviews verzichten.

Die tapferen Bayern sitzen geschlagen am Rasen. Kahn, Effenberg, Scholl, Jancker, Linke, Jeremies, Tarnat, Babbel, Fink und Salihamidzic. Kuffour kann die Tränen nicht zurückhalten. Matthäus, Basler und Zickler, die vorher ausgewechselt wurden, kommen dazu. Niemand spricht. Collina, der kahlköpfige italienische Schiedsrichter, geht zu ihnen und will trösten. Die deutschen Zeitungskollegen fahren trostlos lange Minuten wieder nach oben, wenn sie denn einen Aufzug erwischt haben, um ihren Laptop zu öffnen und eine ganz neue bittere Geschichte zu schreiben: über den fast schon tragisch zu nennenden Untergang des FC Bayern im Stadion Nou Camp in der Nachspielzeit. Am nächsten Morgen spricht auch der *Kicker* in seiner Donnerstagsausgabe vom 27. Mai 1999 von einer »Tragödie für Bayern«.

Dear Gunther

Es war sicher das schönste Jahr, das Jahr vom September 1971 bis August 1972 in England, vorwiegend im Süden Londons, im Südwesten, in Richmond upon Thames und in Kingston upon Thames, in der Grafschaft Surbiton, Surrey. Es waren aber auch die vielen Ausflüge, Rundreisen, Theater- und Musical- sowie unzählige Museumsbesuche. Meinem Aufenthalt in England mit Frau und fünfjähriger Tochter verdanke ich letztlich auch, dass ich es ein paar Jahre danach wagte, dem Bayerischen Rundfunk einen frechen Brief zu schreiben, um mich als Radioreporter anzubieten. Grund dafür waren die hervorragenden Fußballradioreportagen, die ich bei der BBC in London hatte hören können.

Der Name eines Reporters wird mir dabei unvergesslich bleiben: Bryan Butler. Seine Stimme und sein Reportagestil waren einfach nur fabelhaft. Was er sagte, sagte er mit wohltuend voller und gelegentlich auch mal melancholischer Stimme. Er konnte liebevoll, aber auch zynisch klingen. Aber natürlich waren auch Brian Moore und Peter Jones in meinen Ohren ganz große Reporter der BBC damaliger Tage.[1]

Dass ich inzwischen seit Jahren selbst für die BBC live vor oder nach Spielen berichten oder Randgeschichten kommentieren darf, ehrt mich natürlich. Die Menschen in England und ihre Begeisterung für Fußball haben mich überzeugt, und unser gemeinsames Jahr als Lehrer bzw. »Assistant Teacher« an der Tiffin Boys' School und an Tiffin Girls' School im London Borough von Kingston upon Thames war unser schönstes Jahr überhaupt – beruflich wie auch privat. Das Überragendste war, dass unsere damals fünfjährige Tochter Martina in London ihre Schulzeit begann, in einer so genannten Infant School. Nie wieder haben wir sie so glücklich in die Schule laufen, hüpfen, ja tanzen sehen wie seinerzeit im Jahre 1971/1972 in Ham-Richmond.

Martina hat noch heute Kontakt zu ihrer besten Freundin von damals, Emma. Auch meinem damaligen »Head of Department« und stellvertretenden Schulleiter John Rice sowie dessen Familie sind wir heute noch freundschaftlich verbunden. Einige Jahre nach unserem England-Aufenthalt organisierten wir einen Schüleraustausch zwischen meinem englischen Gymnasium in London und dem Gymnasium unserer ältesten Tochter in Nürnberg. Danach produzierte ich dann für den BR ein Stunden-Feature des Studios Nürnberg. Der Titel lautete: »Damit auch Sie europafähig werden.«

Meiner aktiven Karriere als Fußballer ging es in England nicht gut. Gleich im ersten wichtigen Spiel zog ich mir einen Kreuzbandriss zu, der mich fast das ganze Jahr außer Gefecht setzte. Aber als Fußballanhänger ging es mir blendend: Das Schönste war natürlich das Länderspiel England–Deutschland im Wembley-Stadion im April 1972. Wahrscheinlich das beste Länderspiel, das Deutschland in den letzten vierzig Jahren zeigte. Die Mannschaft gewann mit 3:1. Ich sehe sie noch vor mir: Uli Hoeneß, Günter Netzer, Gerd Müller, aber nicht nur die.

Meine Frau hatte sich zehn Minuten vor Beginn des Spiels von mir distanziert und ein gutes Stück entfernt platziert – so als ob sie nicht zu mir gehörte. Vor dem Anpfiff hatte ich die umstehenden Engländer lebhaft und etwas angeberisch darüber informiert, warum Deutschland dieses Spiel gewinnen würde. Meine Frau schämte sich deshalb etwas für mich und kam erst nach dem Spiel wieder. Auf dem Platz standen Kapitän Beckenbauer mit Maier im Tor, Höttges und Breitner in der Verteidigung, Schwarzenbeck, Beckenbauer und Wimmer in der Läuferreihe sowie den fünf Stürmern Grabowski, Hoeneß, Gerd Müller, Netzer und Held. Einfach ein Traum, diese spätere Europameistermannschaft von Helmut Schön. Heynckes und Erwin Kremers sollten noch dazustoßen.

Damals diskutierte ich als relativ junger Mann, mit gerade mal dreißig Jahren, mit sechzigjährigen Männern. Nach dem Spiel kamen einige von ihnen zu mir und gratulierten mir fair zur Leistung der deutschen Mannschaft. Zwei von ihnen hatten sogar Tränen in den Augen! Das werde ich nie vergessen. Und unser Nachbar next door, Joe Stokes, der uns regelmäßig gegen 23 Uhr noch auf ein Stück deutsches Brot mit Wurst oder Käse und Münchener Bier besuchen kam, hatte mich schon vor dem Spiel gewarnt: »Dear Gunther«, sagte er damals, falls es tatsächlich zu einer Niederlage Englands kommen sollte, möge ich doch bitte großzügiges Verständnis dafür haben, dass er uns dann (für diesen äußerst unwahrscheinlichen Fall, wohlgemerkt) ein bis zwei Wochen nicht mehr aufsuchen könne. Denn das wäre ihm zu peinlich.

Natürlich hielten meine Frau und ich das für einen typisch

britischen Scherz. Wir versorgten uns in der Lebensmittelabteilung von Bentalls' am Bahnhof in Kingston wie immer mit deutscher Wurst und Bier. Als halbwegs normal denkender deutscher Durchschnittsbürger mit einem kleinen Schuss Fußballwahnsinn konnte man diese Androhung doch nur für ein Beispiel englischen Humors halten. Weit gefehlt: Nach dem grandiosen 3:1-Sieg der deutschen Mannschaft sollte sich herausstellen, dass es keiner war. Joe, ein Rentner um die siebzig, versteckte sich zwei Wochen vor uns. Dabei wohnte er sozusagen Reihenhauswand an Reihenhauswand mit uns. Er war nicht mehr im Vorgarten beim Gärtnern, wir sahen ihn nicht beim Spazierengehen. Wahrscheinlich erledigte er das, während wir drei in der Schule waren.

Mit meinen englischen A-Level-Schülern (Abiturjahrgang) von der Tiffin Boys' School an der Queen Elizabeth Road hatte ich aus aktuellem Anlass und weil viele von ihnen selbst aktive Rugby- oder Fußballspieler waren (wovon ich mich natürlich längst persönlich überzeugt hatte) in den zwei Wochen vor dem großen Spiel ausnahmsweise mal nicht Goethe, Fontane, Brecht, Borchert, Böll oder Schiller besprochen. Vielmehr verglich ich mit ihnen deutsche und englische Länderspiel-Vorberichte aus großen Tageszeitungen beider Länder. Doch am Montag nach dem Länderspiel kam noch vor Beginn der Stunde der Klassensprecher auf mich zu. Mit absolut ernster Miene bat er mich höflich aber bestimmt, mit ihnen in nächster Zeit über alles zu reden, aber um Himmels willen bitte nicht mehr über Fußball.

Ja, ich liebe England, und ich liebe den englischen Fußball. Noch heute bin ich begeistert, wenn ich englische Fußballradioreporter oder auch Fernsehkommentatoren hören kann. Sie sind einfach nur großartig. Ähnliches gilt für die Stimmung in den Stadien. Ich war mit Vorliebe bei Chelsea und bei Crystal Palace. Egal, wo man hinkommt – in England sind die Gesänge vor dem

Spiel origineller, und die Stimmung vor, während und nach dem Spiel ist besser als in den meisten deutschen Bundesligastadien. Ich weiß wohl, dass es gewagt ist, das zu schreiben, aber schlimmer noch: Ich stehe zu meiner Behauptung. Vielleicht ändert sich das in nächster Zeit bei uns durch die WM und die zahlreichen und immer moderneren Fußballarenen. Aber ich befürchte dennoch, dass es nicht nur an der Architektur der engen englischen Stadien ohne Laufbahn aber auch ohne Gitter liegt. Vielmehr sind es die fußballverrückten Engländer, die jene unvergleichliche Stimmung und Atmosphäre mit ihren durchdringenden wilden Gesängen und Liedern überall hin mit sich bringen – sicher auch zur Fußballweltmeisterschaft 2006 zu uns nach Deutschland. Goal for England!

»Busentführung« in Moskau

Das hätte ich mir auch nicht gedacht: Dass ich einmal, noch dazu im Ausland, in einen Entführungsfall verwickelt werden würde. Es passierte am Morgen nach einem Champions League-Spiel des FC Bayern München gegen Spartak. Kaltgrauer Oktober 1994. Wir waren unterwegs in Richtung Flughafen in einem klapprigen alten Bus, eng gedrängt mit unseren Laptops, mit den Aufnahmegeräten, den Handys, den Übertragungsgeräten und unseren Koffern. Der Weg führte uns in eine Gegend, die immer kahler und unwirtlicher wurde. Nach langer geräuschvoller Fahrt landeten wir an einem Flughafengebäude, räumten unser Gepäck aus und standen in der Abflughalle. Der Bus knatterte und rauchte weg.

Plötzlich kam ein aufgeregter und blasser Bayern-Pressesprecher Markus Hörwick und teilte uns mit, dass uns der Busfahrer an den falschen Flughafen gefahren habe. »Wir haben jetzt keinen Bus mehr«, sagte er, »und unsere Maschine fliegt in dreißig Minuten.« Betretenes Schweigen machte sich breit, während sich Hörwick und der restliche Teil des Betreuerstabs, der mit uns reiste, berieten. Doch dann hellte sich das Gesicht von Hörwick auf. Man hatte eine Idee.

Wir gingen nach draußen zur Haltestelle einer Buslinie, wo wir auf den nächsten Bus warteten. Bald kam ein klappriges und schmutziges Gefährt, ähnlich dem Bus, der uns gebracht hatte, mit einer Hand voll Fahrgästen, hinter dreckigen Scheiben kaum auszumachen. Nachdem zwei Passagiere ausgestiegen waren, bestiegen Hörwick und unsere Reiseführerin und Dolmetscherin Olga den Bus. Wir sahen, wie Olga auf Russisch auf den verdutzten Busfahrer einredete. Danach sagte der Busfahrer etwas zu den restlichen Passagieren, die prompt aufstanden und schweigend den Bus verließen. Beim Aussteigen drückte Hörwick jedem Passagier einige Dollarnoten in die Hand. Danach bekam auch der Busfahrer seine Scheine, wenn auch vermutlich deutlich mehr.

Wir stiegen zunächst schweigend und ungläubig in den leeren Bus ein, und schämten uns auch ein wenig. Doch bald machte sich eine gewisse Erleichterung breit. Die russischen Fahrgäste konnten es sicher verkraften, mit ein paar Dollars in der Tasche auf den nächsten Bus zu warten. Und auch der Busfahrer schien durchaus zufrieden zu sein. Als er uns tatsächlich in einer knappen Viertelstunde zu dem richtigen Flughafen kutschierte, waren wir jedenfalls heilfroh. Diese Dollars haben den Busfahrer sicher für einige Zeit glücklich gemacht. Und dass wir damit sozusagen einen russischen Linienbus gekidnappt hatten, das war uns nun längst egal.

Der Schlichter

Die Aufgabe des Mediators ist es, Streit zu schlichten. Als Lehrer muss man das können. Dass ich aber in Sachen Fußball einmal offiziell berufener Mediator werden würde –, und zwar auf Anfrage bestimmter, sehr aktiver Fans und Fangruppen des FC Bayern München aus der Südkurve des Münchner Olympiastadions – damit hatte ich nicht gerechnet. Aber natürlich war ich gerne bereit, vermittelnd einzugreifen, als auch der FCB seine Zustimmung zu meiner Wahl als Vermittler gab.

Am 30. Juli 2003 fuhr ich also an die Säbener Straße in München. In die heiligen Hallen der FC Bayern München AG. Eine offene, aber faire Auseinandersetzung war geplant. Das hatte ich aus Gesprächen und meinen Recherchen entnommen. Und darauf hatte ich mich als Mediator eingestellt. In der Säbener Straße führte man mich ins große Besprechungszimmer am Ende eines langen Ganges, umsäumt von vielen Glasvitrinen mit unzähligen Pokalen und Auszeichnungen. Beide Parteien setzten sich an einen langen Tisch. Links von mir saßen der Vorstandsvorsitzende, der Manager, der Geschäftsführer und der Fanbeauftragte des FC Bayern, also Karl-Heinz Rummenigge, Uli Hoeneß, Karl Hopfner und Raimond Aumann, sowie der Rechtsanwalt der FC Bayern AG. An der rechten Seite hatten die Vertreter der Fangruppierungen Club Nr. 12, Red Sharks und Schickeria Platz genommen. Auch sie hatten ihren Rechtsanwalt an ihrer Seite.

Anlass für die ausweglos erscheinende Situation waren Sitzblockaden und befürchtete bzw. tatsächliche Gewalttaten einzelner Fangruppierungen und Fans auf der Leopoldstraße während der Meisterfeier am frühen Abend des 17. Mai 2003 nach dem mit 2:1 (beide Tore durch Elber) gewonnenen Spiel gegen den

VfB Stuttgart. Wegen dieser Ereignisse war der Autocorso der Meistermannschaft von der Polizei umgeleitet worden, da man – offenbar im Gegensatz zu den Fans – nicht davon überzeugt war, dass die Spieler dort ohne Zwischenfälle durchgekommen wären. Nach diesen Ereignissen kam es außerdem zu anonymen Morddrohungen gegen Verantwortliche und Angestellte des FC Bayern. Zudem ging es um den Vorwurf des vereinsschädigenden Verhaltens einzelner Mitglieder der Fanorganisationen. In diesem Zusammenhang stand auch der Verdacht im Raum, dass die drei anwesenden Fanorganisationen eine rechtsradikale Orientierung aufwiesen.

Vielen dieser Fans waren ihre Jahreskarten für die wenige Tage später beginnende neue Saison 2003/2004 vom Verein gesperrt worden. Zusätzlich sollten Vereinsausschlussverfahren in Gang gesetzt werden. Die Fanorganisationen protestierten heftig. Es drohte eine größere öffentliche Auseinandersetzung vor Gericht.

An diesem Nachmittag wurde von beiden Seiten schonungslos alles, aber auch wirklich alles zur Sprache gebracht. Es kostete viel Kraft, nicht den Überblick zu verlieren und beide Seiten gleichermaßen zu Wort kommen zu lassen. Insgesamt drei gute Stunden wurde um einen Kompromiss gekämpft. Schließlich wurde das Vereinsausschlussverfahren wieder rückgängig gemacht. So wurde ein Kompromiss gefunden. Auch die drohenden Gerichtsverfahren konnten vermieden werden.

Nach der Sitzung erarbeitete ich mit den Rechtsanwälten beider Seiten eine erste kurze Erklärung für die Presse. In den folgenden Tagen wurde dieses Statement dann von beiden Seiten ergänzt und zu einer letztlich vierseitigen Presseerklärung ausformuliert. In dieser konnten alle wesentlichen Streitpunkte durch einsichtiges Verhalten beider Seiten, also auch der verschiedenen Fangruppierungen entkräftet werden. Fast alle Verfahren, die bereits bei der Münchner Staatsanwaltschaft anhängig waren, wurden in der Folge eingestellt. Beide Seiten versprachen, in Zukunft regelmäßiger und besser miteinander zu kommunizieren.

Seither beobachte ich mit noch größerer Achtung und gehörigem Respekt die vorbildliche Fanarbeit, die gerade ein Großverein wie der FC Bayern München mit seinem Fanbeauftragten und ehemaligen Torhüter Raimond Aumann und dessen Mitarbeitern leistet. Viele Fans opfern fast ihre gesamte Freizeit und nicht selten viel Geld für ihren Verein, entwickeln Ideen für tolle Kurven-Choreografien und leisten auch noch – weitgehend unbeachtet von der Öffentlichkeit – nebenbei für uns alle wichtige Sozialarbeit. Damit meine ich z. B. die nicht selten äußerst schwierige Integration von Andersdenkenden, mitunter leicht und schnell zu unkontrolliertem Alkoholkonsum oder/und Gewaltausbrüchen Neigenden. Aber auch andere Außenseiter unserer Gesellschaft, wie beispielsweise viele arbeitslose Jugendliche und behinderte Mitmenschen, sowie weitere Gruppen werden von Fanclubs nicht nur auf den Abenteuerpfaden zu den Auswärtsspielen durchgängig betreut.

Man darf nicht unterschätzen, welche Bedeutung der Fußball für viele Menschen hat und wie viel »Sinn« oft ihr ansonsten eher tristes Leben dadurch erhält. Die oft unbeachtete und viel zu wenig vom Staat honorierte Sozialarbeit, die organisierte und nicht organisierte Fußballfans für unsere Gesellschaft leisten, kann gar nicht hoch genug eingeschätzt werden. Fanprojekte müssen weiterhin unterstützt und gefördert werden. Dass die oben genannten Bayernfans und die Fans anderer Vereine natürlich auch Werbung für »ihren« Verein oder die AG oder das neue Stadion betreiben, versteht sich von selbst. Verständlicherweise erwarten diese Menschen und die klugen Köpfe in ihren Vorständen auch ein gewisses Mitspracherecht in den Vereinen. Dass dieses Mitspracherecht tatsächlich in die Tat umgesetzt wird, das war ein weiteres Ergebnis meiner für mich lehrreichen Mediatorentätigkeit beim FC Bayern.

Die Nacht danach

Das klingt verlockend. Ist es aber nicht. Ich meine nämlich den Abend oder die Nacht nach einem Fußballspiel – sei es am Dienstag oder Mittwoch nach der Champions League in Moskau, Istanbul, London, Helsinki oder Paris, sei es am Freitag, Samstag oder Sonntag in der Bundesliga in Nürnberg, München, Stuttgart, Hamburg, Frankfurt, Dortmund oder Berlin. Oder gar zur Strafe am Montag in der 2. Liga.

Am schlimmsten ist es an den Samstagen. Da heißt es für mich zunächst, sich die wichtigsten Spielszenen nochmals im Fernsehen anzusehen, vielleicht gleich im Pressezentrum des Stadions. Möglichst alle kniffligen Situationen noch einmal in Zeitlupe begutachten zu können, ist wichtig zur Selbstkontrolle: Habe ich alles richtig wahrgenommen und bildhaft für die Hörer »übertragen«, also reportiert? Nie gelingt mir das hundertprozentig. Dann höre ich im Radio – eine Miniausgabe mit Kopfhörer habe ich natürlich immer dabei – die Kommentare und Nachberichte zu den Spielen. Später am Abend oder in der Nacht kontrolliere ich meine eigene aufgezeichnete Reportage, um festzustellen, was gut und was schlecht war. Man findet immer Fehler, und die gilt es, das nächste Mal zu vermeiden.

Wenn ich bei einem Auswärtsspiel war, dann sitze ich oft bis Mitternacht im Auto oder im Zug, auf dem Rückweg nach Nürnberg. Vor allem die letzten zwei Stunden werden dann elend lang.

Am nächsten Tag geht es mit der Lektüre der Sonntagszeitungen weiter. Das sind die *Bild am Sonntag*, die *Frankfurter Allgemeine Sonntagszeitung* und die *Welt am Sonntag*. Oft schaue ich mir am Vormittag noch mal die Videoaufzeichnungen der Samstagspiele an. Dazwischen spreche ich noch meine Sonntagskolumnen und Kommentare für MDR-Jump und MDR Sputnik. Dann folgt die Beurteilung der Spieler. Denn die habe ich ja während der Live-Reportage als Radioreporter sozusagen als Erstbewerter beurteilt. Am Sonntag möchte ich nun wissen, ob meine spontane Beurteilung von den Kollegen geteilt wird oder nicht. Ich musste ja direkt Stellung beziehen, ohne danach noch mit dem Trainer reden zu können. Als Radiomann musst du immer gleich sagen, was Sache ist. Der Sonntagabend beginnt mit den Fernsehbildern der Sonntagsspiele und endet mit den Nachberichten zu den Spielen.

Am Montagmorgen geht es weiter: Ich lese regelmäßig mindestens fünf Tageszeitungen – das sind die abonnierten Nürnberger Tageszeitungen, die beiden Nürnberger Ausgaben von *Abendzeitung* und *BILD*, zur Erholung und Erbauung die *Süddeutsche Zeitung* aus München und natürlich den *Kicker*. Dann folgt mittags der Pressefußball, seit fast dreißig Jahren mein wichtigster Termin der Woche. Hier spielen wir winters wie sommers immer montags mittags ab 13.30 Uhr in der Halle beim 1. FCN sechzig Minuten ohne Pause leidenschaftlich Fußball im Kreise der Pressekollegen aus Nordbayern und dem früheren Club-Stürmer Tasso Wild, meinem alten Spezi mit der traumhaften Ballbehandlung. Danach treffen wir uns beim Pressestammtisch mit Experten, Kollegen und manchem ehemaligen Club-Spieler und Trainer. Da geht's dann immer hoch her, wie man sich vorstellen kann. Wir reden über Gott und die Welt und alle durcheinander. Herrlich.

Der Dienstag ist dann Erholungstag, wenn keine Champions League-Spiele angesagt sind. Spätestens ab Mittwoch beginnt schon wieder die Vorbereitung auf das nächste Spiel: zunächst mit der *Sport Bild*. Der Donnerstag ist der zweite und wichtigste Tag der Vorbereitung, denn da kommt die Donnerstagsausgabe des *Kicker*. Mindestens einmal in dieser Woche muss ich auch beim Club-Training vorbeischauen. Wie ist die Stimmung im Team, wer steht im Mittelpunkt, wer wird geschnitten? Wie führen und beobachten der Trainer und der Co-Trainer die Spieler?

Und dann muss ich mich noch täglich um unsere gemeinsame Internetseite kümmern, die ich mit meinen Spezis und Nachwuchskollegen schon seit 1996 von Fußballfans für Fußballfans am Leben halte. Dort schreiben z. B. meine Freunde Robert Hackner, Christian Klug, Felix Ogger, Walter Richter, Richi Krauß, Markus Bittner ehrenamtlich aus reiner Freud am Fußball Reportagen und Kommentare zu jedem Spiel des 1. FCN, des FC Bayern München, von den Löwen des TSV 1860 München und von der SpVgg Fürth, aber auch gelegentlich über andere Vereine.

Doch das Wichtigste habe ich noch gar nicht erwähnt: In der Nacht nach einem Bundesligaspiel kann ich oft nur schlecht oder gar nicht schlafen. Vor allem, wenn der Club gespielt hat. Nach Spielen des FC Bayern München ist es besser, dessen Spiele nehmen mich vergleichsweise wenig mit. Außerdem verlieren die Bayern längst nicht so oft wie der 1. FC Nürnberg. Aber auch der FC Bayern beschert mir gelegentlich unruhige Nächte. Vor allem dann, wenn wichtige Champions League-Spiele noch keine drei Stunden vorbei sind.

63 000 Luftballons

Vielleicht waren es ja weniger. Aber es wirkte so, als wären es Abertausende in zartem Weiß und hellem Rot. Man konnte sie kaum voneinander unterscheiden. Alle auf einmal tanzten sie leicht und glücklich in den dunkelblauen Abendhimmel am gleißenden Flutlicht vorbei. Es war nach dem letzten offiziellen Fußballspiel im Münchener Olympiastadion und dem bedeutungslosen 6:3 der Münchener Meistermannschaft über den leider hoffnungslos überforderten 1. FC Nürnberg. Doch das Kunstlicht wurde überstrahlt von wenigen kräftigen Sonnenstrahlen, die sich zum letzten Mal ihren Weg bahnten. Um die Meisterfeier zu beleuchten, statt nur zu belichten.

Das wunderbare Zeltdach des Olympiastadions, eingebettet in den grünen, weit geschwungenen Olympiapark, wollte da – wie immer – nicht im Weg stehen. Die Sonne glitzerte also noch einmal durch die Acrylglasplatten, die durch 1 700 Kilometer Stahlseile verbunden sind, verknüpft an 137 000 Knotenpunkten und getragen von 58 Masten. Dieses melodisch geschwungene Zeltdach, das an die Leichtigkeit des Voralpenlandes erinnert, ließ Licht herein und beflügelte statt zu beengen.

Und so funkelte und glitzerte das Zeltdach, während mindestens 40000 von ursprünglich 63000 Zuschauern blieben, um die 19. Deutsche Fußballmeisterschaft des FC Bayern zu feiern. Das Olympiastadion mit einer Längsachse von 260 Metern und einer Querachse von 250 Metern war in 33 Jahren bei insgesamt 1180 Fußballspielen von über vierzig Millionen Zuschauern besucht worden. Egal, ob bei den zehn Spielen des Olympischen Turniers im Jahre 1972, bei insgesamt fünf Endspielen des Europapokals, bei den acht Geburtstags- und Jubiläumsspielen oder ob bei den 793 Pflichtspielen des FC Bayern und den 344 Pflichtspielen der

Sechzger, der Münchner Löwen vom TSV 1860. In Worten: Eintausendeinhundertachtzig Fußballspiele hat dieses wunderbare Beispiel für Leichtigkeit, Liberalität und Frohsinn. Nicht viel war da von Kampf oder gar Arena und erst recht nicht von Enge, Kommerz und Autobahn zu spüren. Ob es ein Nachteil war, wird erst die Zukunft weisen.

Vielleicht war es gar nicht so nachteilig, aber die Zeiten haben sich angeblich geändert. Nun zählt nur noch die vermarktete Zwangs-Show. In jedem Fall aber war es immer schön im Olympiastadion, auch wenn man bei manchen Champions League-Spielen nachts um 22.30 Uhr bitter fror. Er wird mir fehlen, der Blick vom Reporterplatz des Olympiastadions, Haupttribüne Mitte, Presse, Block Z, Reihe 4, Platz 9 oder 10 halbrechts an der Anzeigetafel, an der wie immer gut gefüllten Südkurve vorbei, zwischen Olympiaturm und manchmal schneebedecktem Acrylglasdach den Graugänsen folgend, hinüber zum Olympiaberg. Dort, wo an schönen, milden Sommernachmittagen oder -abenden Hunderte von Freizeit- und Erholungssuchenden picknickten. Und ganz nebenbei einen Blick nach schräg unten warfen auf das 105 x 68 Meter große grüne Rechteck, auf den Fußballplatz des Olympiastadions.

Als der letzte Torschrei am 14. Mai 2005 erklang, war es immerhin ein Cluberer, der das 3:6 erzielte. Ein Cluberer aus der Slowakei mit dem passenden Namen Samuel Slovak. Doch was zählen in diesen Momenten Tore, Namen und Torschützen. Für mich wird immer in Erinnerung bleiben, wie nach dieser abermals meisterhaft inszenierten Meisterfeier Abertausende fröhlicher Luftballons in den azurblauen Abendhimmel stiegen und langsam verschwanden. Ein Anblick, der nie hätte enden sollen. Doch auch das war ein Bild, das verging. Wie viele Bilder. Dennoch glaube ich, dass ich es nicht vergessen will.

Eine halbe Stunde danach war nichts mehr zu sehen – weder von den zig Tausend Luftballons, die in Richtung Luitpoldpark und gen Schwabing flogen, noch von dem azurblauen Abendhimmel über dem Olympiastadion und dem Zeltdach. Denn die dunklen Wolken, die schon während des letzten Fußballspiels Blitz und Donner angedroht hatten, gewannen jetzt über dem Olympiastadion ihr Spiel mit den Mächten und öffneten erbarmungslos ihre nassen Schleusen. Und so weinte auch der Himmel, und zwar kräftig, als der Fußball nach 33 Jahren Abschied nahm aus dem Münchener Olympiastadion.

Mit dem Radl da

Natürlich fahre ich gelegentlich mit dem Fahrrad zum Stadion. Zumindest im Frühsommer oder im Herbst. Denn a) ist das leichter und b) ist es so nah, dass auch das sensationell gute Verkehrsleitsystem der Stadt Nürnberg nicht schneller ist. Ich fahre einfach sehr gerne Fahrrad. So war es auch an einem meiner wichtigsten Einsätze. Es war das erste Aufstiegsspiel der Nürnberger gegen die Mannschaft von Rot-Weiß Essen im Juni 1978. Als ich damals mit meinem Rad bei den Ordnern am großen Tor 1 ankam, wollten die mich nicht einlassen. Ich lächelte ziemlich verkrampft. Denn das war mein erster großer Auftrag. Ich war damals erst ein Jahr auf Sendung. Und richtig regelmäßig seit einem halben Jahr.

»Ich bin der Günther Koch«, sagte ich zu dem Ordner, »vom Bayerischen Rundfunk. Ich mache hier die Reportage, bitte lassen Sie mich rein. Hier ist meine Arbeitskarte.«

Der Ordner blieb unbeeindruckt. »Das kann ja jeder sagen«, brummte er.

Dann fragte er seinen Nachbarn: »Kennst du einen Günther Koch?«

»Ja ja, das ist der Narrische. Aber ich habe ihn noch nie gesehen.«

So dauerte es also etwas, bis ich ins Stadion durfte. Es war eben für die lieben Menschen damals gänzlich ungewohnt, dass da ein Reporter des Münchner Senders mit dem Fahrrad daherkommt. Ich habe mein Fahrrad dann beim Ü-Wagen abgestellt. Das mache ich auch heute noch so. Und Nürnberg hat 1:0 gewonnen durch ein Tor von Hans Walitza, mit dem zusammen ich noch anno 1971 an den B-Schein-Lehrgängen des Bayerischen Fußballverbandes teilgenommen hatte. Schön war vor allem das nach Hause Radeln durch die Kleingartenkolonie Zeppelinfeld direkt neben dem Stadion. Ein mir völlig Unbekannter rief mir da plötzlich von einem der unzähligen Gartenzäune aus nach: »Danke für die gute Ansage.«

Franz und ich

Es war der furchtbare 11. September 2001, einen Tag vor dem Champions League-Spiel Ajax Amsterdam gegen den FC Bayern München. Normalerweise fliege ich mit allen Journalistenkollegen bereits am Vortag vom Flughafen München in die Städte Europas, in denen der FC Bayern München am nächsten Abend spielt. Aber an diesem Dienstag, einem meiner zwei unterrichtsfreien Tage in der Woche, wollte ich unbedingt mein Pädagogik-Seminar mit meinen achtzehn Referendaren halten. In zwei

Wochen stand für sie im Rahmen ihres zweiten Staatsexamens die Pädagogik-Klausur auf dem Programm. Und ich wollte sie so intensiv wie möglich auf diese Prüfung vorbereiten. Schließlich ging es bei den Anstellungschancen nach dem Referendariat um jedes Zehntel hinter dem Komma.

Nach dem Ende des Seminars war ich gegen 16 Uhr auf dem Nachhauseweg. Ich fuhr gerade durch den Nürnberger Stadtteil Eibach und hielt an der Ampel Schulstraße, als ich die Nachrichten auf Bayern 3 hörte. Erst beim nach 23 Jahren völlig gewohnheitsmäßigen Linksabbiegen in die Hafenstraße beginne ich zu begreifen, dass ich da gerade etwas ganz Schreckliches gehört hatte. Noch einmal rekapitulierte ich Satz für Satz, um mir klar zu machen, was der Nachrichtensprecher da gerade gesagt hatte. »In das World Trade Center ist vor einer Viertelstunde ein Flugzeug gestürzt.«

Ich konnte und wollte es nicht glauben. Das wäre ja eine absolute Katastrophe. Sofort schaltete ich auf den Nachrichtenkanal B5 aktuell um. Um Himmels willen – es stimmte. Als sich die Horror-Meldungen wiederholten und immer dramatischere Ausmaße annahmen, wurde mir klar, dass das möglicherweise Krieg bedeutete. Zu Hause schaltete ich sofort den Fernseher ein und sah die schrecklichen Bilder. Natürlich rief ich augenblicklich bei der Sportredaktion des Bayerischen Rundfunks in München an. Ich hielt es für absolut sinnlos, am nächsten Tag nach Amsterdam zur Mannschaft und den Kollegen vor Ort zu fliegen. Denn das Spiel würde doch sicher abgesagt werden. Man sagte mir aber, ich solle hinfliegen, das Spiel würde schon stattfinden. Ich war anderer Meinung und wurde sehr deutlich – jeder, der mich kennt, weiß, was das bedeutet. Ich könne ja am nächsten Morgen, dem 12. September, noch einmal anrufen, wurde mir schließlich mitgeteilt.

Tatsächlich sollten am Abend des 11. September alle angesetzten Champions League-Spiele stattfinden. Am nächsten Morgen rief ich abermals beim BR in München an und erwischte meinen »Lieblingsredakteur«. Da war ich schon unterwegs zum Flughafen nach München, um nicht zu spät zum Einchecken zu kommen. Der Kollege ließ keine Zweifel: »Herr Koch, Sie fliegen da hin.« Noch vom Flughafen rief ich meine Kollegen Hans-Peter und Eddie in Amsterdam an. Auch sie rechneten jede Minute mit einer Absage des Spiels gegen Feyenoord Rotterdam. Aber da immer noch keine Entscheidung gefallen war, musste ich fliegen.

Kopfschüttelnd und verärgert stieg ich schließlich in das Flugzeug und ließ das Handy an, denn ich rechnete noch immer mit der Spielabsage aus Amsterdam. Als allerdings fünf Minuten später Franz Beckenbauer den Flieger betrat, wurde mir klar: »Wenn der Kaiser jetzt einsteigt, dann findet das Spiel wohl doch statt.« Ich schaltete mein Telefon ab. Erst als wir in Amsterdam gelandet waren, schaltete ich es wieder ein, um meine Kollegen im Hotel anzurufen. Da hörte ich die Nachricht auf meiner Mailbox. Das Spiel war abgesagt worden.

Hätte ich mein Mobiltelefon nur fünf Minuten länger eingeschaltet gelassen, hätte ich es noch rechtzeitig vor dem Abflug erfahren. Aber ich hatte mich ja auf Franz Beckenbauer verlassen. Das war mein Eigentor. Beim Aussteigen sagte ich Franz, was ich gerade erfahren hatte. Er war überrascht, denn er hatte noch keine Nachricht erhalten. Sofort versuchte er, Karl Hopfner, den Geschäftsführer des FC Bayern, im Mannschaftshotel zu erreichen. Peinlicherweise fand sein Telefon kein Netz auf dem Flughafengelände. So musste ich ihm mein Gerät leihen, und Karl Hopfner bestätigte, dass das Spiel ausfallen würde.

Mit uns im Flugzeug waren noch etliche Journalisten, die auch erst am Spieltag nach Amsterdam geflogen waren. Sie alle rannten nun so schnell wie möglich zu den Schaltern, um noch einen Rückflug zu bekommen – wenn es denn noch Plätze gab. Wir alle hatten natürlich auch große Angst vor weiteren Terroranschlägen. Noch heute bin ich dem guten Franz Beckenbauer dankbar. Denn er hat sofort zu mir gesagt: »Günther, du fliegst gleich mit mir zurück.« Dann haben wir uns direkt dort wieder eingecheckt, wo wir gerade ausgecheckt hatten. Und Franz Beckenbauer hat dafür gesorgt, dass das klappte. So flog ich sofort wieder zurück und das noch dazu in der ersten Klasse. Es war das erste Mal in meinem Leben. Aber es ging nicht anders. Das musste dann der Bayerische Rundfunk bezahlen. Selbst schuld, kann ich da nur sagen.

Das war der 12. September 2001. Einmal München – Amsterdam und nonstop zurück – mit demselben Flugzeug und mit derselben Besatzung. In der ersten Klasse, und rechts neben mir saß der Franz. Aber ehrlich gesagt war ich nur froh, als ich am Nachmittag wieder ganz langsam in meinem Auto auf der A9 von Erding zurück ins beschauliche, schöne Franken fuhr und endlich den Kirchturm von Göggelsbuch erblickte.

Bombenalarm in Highbury

Endlich sind wir vor dem Highbury Stadium vom FC Arsenal angekommen. Es ist Anfang Dezember 2000 im Norden Londons. Das Stadion sieht man selbst dann nicht, wenn man unmittelbar davor steht. Man ahnt es nur, der großen und breiten Ziegelmauer wegen, die aus dem üblichen Reihenhaus-Rahmen herausfällt.

Lauter nette und höfliche Leute warten vor dem Stadion. Dort, wo die alten schwarzgrauen Häuser in Reih und Glied stehen, mit kleinen Vorgärten und mit aufgehängter Wäsche und einfachen Bretterzäunen. Die alles andere als Stadionnähe vermuten lassen. Die dich fast dazu ermuntern, an die nächste Haustür zu klopfen, um einfach »Hello« zu sagen und um sich schnell vor dem Match noch eine Tasse englischen Tees anbieten zu lassen.

Aber nein, wir sind in Eile und wollen nun doch gerne wissen, ob hinter der hohen Hauswand mit der matt erleuchteten Aufschrift »ARSENAL« auch tatsächlich ein Stadion ist – oder nicht vielleicht doch ein unbewohntes Hochhaus mit leer stehenden Wohnungen oder Teppichlagern oder gar einem versteckten Waffenlager. Schließlich heißt der FC Arsenal ja nicht ohne Grund so.

Wir zwängen uns durch eine enge Eingangstür mit Drehkreuz, die man leicht übersieht. Schon beginnt der erste Teil der Körpertüchtigung mit Geschicklichkeitsprüfung: Bauch einziehen, Luft anhalten, einen kurzen Blick auf die Schwindel erregend steile Wendeltreppe werfen – und dann geht es los. Die Augen fest nach unten auf die krummen gelben Steinstufen gerichtet, mit dem Gepäck am linken Arm und der rechten Hand am dünnen Geländer, steigen wir mit Todesverachtung und guter Kondition die Serpentinen so schnell wie möglich nach oben. Nach den ersten Stufen das Ausatmen nicht vergessen! Nach zwei, drei Drehungen taucht plötzlich eine knallrote Holztür mit der Aufschrift »PRESS« auf.

Ein freundlicher älterer Herr hilft uns beim Eintritt, und schon ist man in dem engen, aber gemütlichen Presseraum. Es riecht nach heißem englischen Tee, aber auch nach Bier und Sandwiches. Wohnzimmeratmosphäre. Wir müssen uns kurz ausweisen und bekommen einen Aufkleber für unser Gepäck, denn oben auf der Pressetribüne wird dafür so gut wie kein Platz sein. Jetzt noch eine Stärkung und kurze Verschnaufpause.

Wo geht's bitte weiter zu den Reporterplätzen? Ah, gleich ums Eck ist wieder eine rote Tür, die wir doch glatt übersehen hatten. Die meisten Kellertreppen, die ich kenne, sind breiter und weniger steil als der Aufgang vom Presseraum zur Pressetribüne im Highbury Stadium. Alles wirklich sehr »high« hier. An »bury« möchte ich jedoch lieber nicht denken. Wehe, es kommt einem von oben ein Kollege entgegen. Entweder rauf oder runter! In beide Richtungen gleichzeitig? No way!

Aber wir murren nicht. Schließlich sind wir in England und noch dazu im altehrwürdigen Highbury Stadium. Es ist alles von einer anheimelnden Großfamilienatmosphäre durchdrungen. Und plötzlich gewinnt man sogar die gelbroten, ausgetretenen Steinstufen lieb. Wir riechen förmlich schon den englischen Fußballrasen, obwohl wir hier noch nichts sehen. Noch nicht.

Wir nehmen den zweiten Abschnitt des Aufstiegs in Angriff: Eine maximal 90 Zentimeter breite und abermals sehr steile Treppe wartet auf uns. Also holen wir wieder tief Luft, atmen geräuschvoll aus und rauf geht'–s zu den Presseplätzen! Schließlich haben wir es geschafft. Die Kollegen Eddie und Hans-Peter beginnen mit dem Aufbau des Youcom RSD/64 Reportersets, während ich in der engen ersten Reihe unter die Mini-Klapptischchen krieche, um zwei freie Steckdosen zu suchen. Als ich sie finde, versehe ich sie mit den vorher gekauften Adaptern.

Keiner von uns darf sich jetzt mehr als nötig bewegen. Sonst besteht die Gefahr, dass die wertvollen Reportersets von den kleinen Holzklapptischen fallen oder die ISDN-Leitung aus dem lose auf der Brüstung liegenden kleinen NTBA rutscht. Und dann hätten wir keine Leitung mehr. Aber endlich ist alles geschafft, der Schaltraum in München hat die Magazinleitung und die Leitung für die Vollreportage gestrickt, wir haben eine Rückleitung und können uns auch gegenseitig verständigen. Ein spürbares Aufatmen ist zu hören, und wir sind glücklich. Noch einmal die enge Treppe runter, um ein Sandwich zu holen? Nein, lieber nicht.

Links und rechts sitzen Kollegen von der BBC und von anderen Sendern. Es ist fast unmöglich, sich in der engen Reihe überhaupt noch zu bewegen. Aber das Spiel wird ohnehin bald beginnen. Genau sechzig Sekunden bevor ich anfange, sage ich über Leitung an alle angeschlossenen ARD-Radiosender: »Hier ist London, ich beginne mit der Vollreportage des Spiels FC Arsenal London gegen FC Bayern München in exakt 60 Sekunden ab jetzt!« Das war das »lange Schneidekommando«, damit alle Sender rechtzeitig mit der Anmoderation beginnen können. Es war gerade 20.44 Uhr MEZ. Das »kurze Schneidekommando« kommt dann ebenfalls »millimetergenau« dreißig Sekunden später. Nun aber, während ich konzentriert auf den Sekundenzeiger meiner großen Funkuhr blicke, wundere ich mich, dass die Spieler nach der Hymne plötzlich wieder den Rasen verlassen. Auch die Offiziellen beider Mannschaften werden aus dem Innenraum geführt. Sie wirken ratlos.

Ein fragender Blick nach rechts zu Edgar Endres, meinem fleißigen Kollegen und heutigen Partner bei der Vollreportage für den BR und die anderen Info-Kanäle der ARD. Eddie zuckt die Achseln. Doch nun dreht er sich ganz behutsam um, nimmt den Kopfhörer ab, versucht dabei den Oberkörper nicht zu bewegen und erkundigt sich bei den englischen Kollegen. Mich beschleicht eine erste Vorahnung, und Eddie bestätigt sie. Er kritzelt auf unsere Mannschaftsaufstellung das Wort »Bombenalarm«. Da treten bereits einige Policemen auch zu uns auf die enge Pressetribüne. Ich sehe, dass es nur noch fünf Sekunden bis zu unserem Reportagebeginn sind, und atme tief ein und aus.

Punkt 20.45 Uhr deutscher Zeit begrüße ich unsere Hörerinnen und Hörer auf B5 aktuell und den anderen Informationskanälen der ARD zum Champions League-Spiel FC Arsenal London gegen den FC Bayern München: »Good Evening, guten Abend, meine Damen und Herren, liebe Fußballfreunde in Deutschland« Doch was soll ich nun weiter sagen? Man ist zwar jedes Mal gut vorbereitet, um alles Mögliche an Hintergrundinformationen zum Spiel und zum Stadion und zu was weiß ich nicht noch alles einzuflechten. Dann, wenn der Ball im Aus ist oder gerade wenig passiert auf dem grünen Rasen. Aber auf eine Verzögerung des Spielbeginns auf unbestimmte Zeit ist man natürlich nicht vorbereitet.

Also weise ich zunächst auf die anonyme Bombendrohung hin und weiche dann auf mein zweites Lieblingsthema neben dem Fußball aus, vor allem wenn ich an England denke: der englische Tee. Zunächst erzähle ich den Zuhörern, dass London eine wunderbare Stadt ist. Auch als Fußballstadt hat sie mit etwa zehn international bekannten Vereinen viel zu bieten. Doch dann lande ich bereits beim English Tea. Ich behandele das Thema in epischer Breite und versuche so die bangen Minuten zusammen mit Eddie, der immer wieder über den neusten Stand der polizeilichen Untersuchungen berichtet, zu überbrücken. Haarklein berichte ich über die verschiedenen Teesorten und deren fachgerechte Zubereitung. Genüsslich referiere ich über meine Lieblingssorte, den aromatischen, kräftigen Assam. Genauestens beschreibe ich, wie man mit dem kochend heißen Teewasser zunächst die Teekanne ausspült und erst nach einem weiteren Aufkochen (das Wasser muss wirklich kochen!) vorsichtig den ersten Aufguss durchführt. Ich erkläre, wie es klingen muss, wenn das noch sprudelnde Wasser auf die Teeblätter trifft und sich dann langsam das süße bis scharfe Aroma – je nach Dauer des Aufgusses – entfaltet. Und ich beschreibe die gold-kupferne bis dunkelbraun-rötlich schimmernde Farbe des frischen Assam-Tees in der Tasse.

Natürlich haben wir alle dabei auch etwas Angst. Eddie und Hans-Peter machen sich sichtlich Sorgen darüber, was jetzt alles passieren könnte. Doch gleichzeitig sehe ich sie darüber grinsen, wie ich versuche, quasi mit Tee die Zeit zu überbrücken. Gerade als ich von meiner anregend köstlichen Schilderung des richtigen, zeitlich aber bitte unbedingt genau zu kontrollierenden Ziehens des englischen Tees überleiten will zur Auswirkung der unterschiedlichen Teetassen und vor allem Porzellanstärke auf den Geschmack des Tees, wird es den Kollegen in München beim verantwortlichen Bayerischen Rundfunk bei B5 aktuell offenbar zu bunt oder zu heiß. Aus dem Funkhaus kommt der freundliche, aber bestimmte Ruf, ich könne jetzt zurückgeben, man würde dann doch lieber aktuelle Meldungen bringen und warten, bis das eigentliche Spiel anfängt.

Das beginnt schließlich doch irgendwann und endet 2:2. Danach bekomme ich im Presseraum sogar meinen Tee, schön heiß und gut gezogen. Bayern München gewinnt im Februar 2001 in der damaligen Zwischenrunden-Gruppe C der Champions League beide Spiele gegen Spartak Moskau. Doch dann folgt eine böse 0:3-Schlappe in Lyon – und Franz Beckenbauer hält seine berühmte Wut-Rede auf dem anschließenden Bankett. Erst das 1:0 im Rückspiel gegen Arsenal, Mitte März 2001, sicherte den Münchnern den Gruppensieg. Danach marschiert man durchs Viertelfinale gegen Manchester United (1:0 und 2:1), durchs Halbfinale gegen Real Madrid (1:0 und 2:1) und kann im Endspiel in Mailand am 23. Mai 2001 den FC Valencia mit 5:4 nach Verlängerung und Elfmeterschießen (1:1/1:1/0:1) besiegen. Nur gut, dass die Münchner im Highbury Stadium damals nicht verloren haben – trotz aller Enge und trotz des Bombenalarms.

Es war der unterschiedliche Klang des getroffenen Balles. Und es war überraschenderweise auch das Klirren des Tornetzes. Es waren die schrillen Pfiffe des Schiedsrichters. Und es waren natürlich die Schreie, die Schreie der Spieler und der Betreuer, die man im nur fahl erleuchteten Aachener Tivoli hörte. Ansonsten war es fast gespenstisch still. Und tatsächlich: Vor mir auf den leeren Rängen tanzte leichtfüßig ein offenbar weibliches Gespenst in einem weißen Laken und mit schwarz-gelbem Alemannenschal. Natürlich wollte ich von ihr später ein Interview. Doch sie oder es weigerte sich und schüttelte stumm den verhüllten Kopf.

Zu Beginn des Spieles kamen von schräg gegenüber elf schwarz-gelbe Alemannen und elf heute ganz in Weiß gekleidete Cluberer.[2] Zusammen mit dem Schiedsrichtergespann nahmen sie ihre Plätze auf dem Rasen ein. Dann folgte ein ohrenbetäubend lauter Pfiff vom Unparteiischen. Und der Ball rollte. Nur im Stadion blieb es mucksmäuschenstill. Dafür aber klang alles, was über das Außenmikrofon vom Spielfeld zu mir heraufdrang, umso lauter. Ich hörte plötzlich, was sich die Spieler da unten zuriefen. Ich hörte auch, wie unterschiedlich der Ball heulte, maulte, wimmerte, sang, rauschte oder krachte – je nachdem, wie, von wem, er wo getroffen oder geblockt wurde.

Ich konnte mich immer weniger auf das Spiel konzentrieren. Immer wieder lauschte ich auf die ungewohnten Geräusche und die entsetzliche Stille. Unwillkürlich schaute ich immer wieder auf: Wo waren nur die Zuschauer? Aber da waren nur die Spieler, die Betreuer, ein paar handverlesene Präsidiumsmitglieder, einige Damen und Herren vom Roten Kreuz, eine Wurstverkäuferin und zwei Klofrauen.

Mitte der zweiten Spielhälfte verließ ich schließlich die Pressetribüne. Mittlerweile hatten sich fast alle Kollegen als interessierte Lauscher um mich herum geschart. So konnte ich mich noch weniger konzentrieren. Also schnappte ich mir mein mobiles Reporterset und floh durch das Halbdunkel im Aachener Tivoli – vorbei an den Kollegen, der Wurstverkäuferin und den jungen türkischen Ordnern, einfach hinüber auf den Würseler-Hang zu den Wellenbrechern hinter dem Tor, in dem inzwischen Nürnbergs Torhüter Rafael Schäfer stand.

Von dort sprach ich einfach weiter in mein BR-Mikrofon. Aber ich musste mich richtig anstrengen, um nicht langweilig zu klingen oder gar selbst einzuschlafen. Mir fehlten die Fans, mir fehlte das begleitende Orchester der 20 000 oder 30 000. Plötzlich drehte sich der Torhüter um. Er wollte wohl wissen, wer da hinter ihm so viel quatschte. Und schon schoss der eingewechselte Bachirou Salou für Alemannia Aachen das Siegtor zum 3:2. Ob ich etwa schuld war? Weil meine Worte zwanzig Meter hinter dem Tor der Nürnberger Rafael Schäfer irritiert und abgelenkt hatten? Nein, er hatte wieder rechtzeitig nach vorne geschaut. Es war wohl doch das Gespenst, das noch immer in den Farben der Alemannia auf der leeren Haupttribüne herumtanzte.

»Ich bleib dabei …!«

Es geht um eine strittige Torszene in einem Spiel, das die Meisterschaft entscheiden wird. Es ist der 24. Mai 1997: Der FC Bayern München spielt im heimischen Olympiastadion gegen den VfB Stuttgart. Schon einmal trafen sich gerade diese beiden Mannschaften zu einem »Endspiel«. Würde Bayern heute gewinnen und Leverkusen gleichzeitig in Köln verlieren, wären sie Meister.

Noch steht es aber 1:0 für den VfB. Doch jetzt gibt es Ecke für die Bayern. Der Ball wird von rechts hereingeschlagen. Ein Kopfball von Ziege an die Latte, und der Ball prallt zurück in den Fünfmeterraum. Es herrscht ein wildes Getümmel von Spielern unmittelbar vor dem Tor. In der Mitte des Getümmels befindet sich Christian Ziege, der vor zwei Sekunden den Ball an die Latte geköpft hatte. Rizzitelli setzt halb im Liegen zu einem Fallrückzieher an. Und dann überschreitet der Ball etwa in einem halben Meter Höhe die Torlinie. Ich bin »live drauf« und lege mich sofort fest: »Christian Ziege im zweiten Versuch mit der Stirn, nachdem der Ball von der Querlatte abgeprallt ist, zum 1:1.«

Meine Kollegen neben und vor mir haben das anders gesehen. Auch der gute Stadionsprecher im Olympiastadion, Stephan Lehmann. Er ruft Rizzitelli als Torschützen aus. »Der Mann mit drei I, zwei Z, zwei L – und einer roten Karte«, wie ich im September 1988 in Rom sagte, als der AS Rom gegen den Club im UEFA Cup-Hinspiel mit 1:2 verlor. Roma uno – Norimberga due.

Aber heute bin ich der Meinung, dass es nicht Rizzitelli war. In der Halbzeitpause ruft mich jedoch ein aufgeregter Chef vom Dienst aus dem Münchner Funkhaus an: »Herr Koch«, ermahnt er mich, »Sie müssen sich auch mal was sagen lassen – es war Rizzitelli! Die Kollegen vom Privatfernsehen und auch die Agenturen melden Rizzitelli als Torschützen. Bitte verbessern Sie sich in der zweiten Spielhälfte!«

Was tun? Ich bin mir doch sicher, dass es nicht Rizzitelli war, sondern Ziege. Nicht ganz sicher, aber ziemlich. Als Fußballer denke ich: »Wenn der Ball so flach und mit so wenig Tempo über die Linie ins Tor geht, dann kann das nur ein schwacher Kopfball gewesen sein. Und kein Fallrückzieher! Meiner Meinung nach hat Rizzitelli den Ball nicht erwischt. Ein gewisser Grant in mir sagt schließlich: »Bleib bloß dabei – es war der Ziege!« Kurz spreche ich dann noch mit dem Kollegen und Kurvenreporter Thomas Kattenbeck, unserem heutigen Redaktionsleiter, der neben mir saß. Und der stimmt mir zu: »Ja, du kannst Recht haben.« Aber ich bin der Reporter, ich trage die Verantwortung für meine Reportage.

Nach dem Spiel schaue ich mir die Fernsehbilder im Presseraum an. Und ich habe Recht. Meine Herren, bin ich froh und stolz. Am Montag danach wird in der Sitzung darüber gesprochen. Mein stellvertretender Chef berichtet davon, was er am Samstag in der Halbzeit von mir verlangte, ich aber nicht gemacht hatte. Und er schließt mit dem Satz: »A Hund is er scho, der Koch.« Ich empfinde das als ein großes Lob.

Mein erster Ü-Wagen

Ihn kannte ich schon von meinen zahlreichen Probereportagen im Herbst 1976 und im Frühjahr 1977. Es war der weißblaue Ü-Wagen aus dem damaligen Studio Nürnberg. Meistens saß Herbert Frühbauer dort und amüsierte sich mit einem süffisanten Lächeln über meine naive Leidenschaft und meinen langen Bart. Es war Sonntag, der 3. April 1977. In der »Grünen Au« spielten der FC Bayern Hof und der FC Augsburg in der damals zweigleisigen Zweiten Liga. Der Augsburger Trainer war der »Meistermacher« Max Merkel.

Im damaligen Zonenrandgebiet hatte ich mich so verfahren, dass ich beinahe das Stadion nicht gefunden hätte. An das Spiel erinnere ich mich kaum noch. Zapf schoss das 2:2 und eine schon damals nicht mehr junge Frau brachte mir eine heiße Tasse Kaffee bis ganz nach oben in die blecherne Reporterkabine auf der Haupttribüne. Vor kurzem habe ich vom langjährigen Hofer Spielausschussvorsitzenden und Gönner, Armin Möbius, erfahren können, dass die Dame Rosa Benedikt heißt und noch heute dem Verein verbunden ist.

Das Endergebnis lautete dann 6:2 für die »kleinen Bayern«, wie sie liebevoll genannt wurden. Der Wiener Merkel war natürlich stocksauer und grantelte bei der Pressekonferenz: »Da hätt' ich mir die lange Zugfahrt hier rauf bis nach Hof auch gleich spar'n können.« Und ich meldete mich einmal mit einem falschen Zwischenergebnis aus Hof. Junge, Junge …

Ochsentour (oder: Meine Einsätze als Reporter)

In meiner radio-aktiven Laufbahn habe ich über so gut wie alle Sportarten als Reporter oder Feature-Autor mit dem Mikrofon für den Bayerischen Rundfunk oder andere Sender der ARD berichtet. Mir persönlich fällt nur eine Sportart ein, die ich schon aus Überzeugung nie übertragen habe. Das ist Formel 1. Für mich ist das kein Sport, sondern hier gewinnt das beste Material, die beste Maschine, die beste Firma. Ansonsten habe ich einfach alles durchgemacht: Basketball, Kanufahren, Golf, Rudern, Faustball, Volleyball, Rhönradturnen, Radball, Kunstturnen, Tanzen, Judo, Karate, Tennis, Tischtennis, Leichtathletik, Ringen, Handball, Faustball, Boxen, Ski alpin (Parallelslalom am Olympiaberg in München), Ski nordisch, Eisstockweitschießen, Schach-Bundesliga, Kajak-Slalom, Frauenkraft-Dreikampf, Eisschnelllauf, Eishockey-Endspiel um die deutsche Meisterschaft, Ringen, Tennis, Tischtennis, Schwimmen, Straßenradrennen, Bahnradmeisterschaften, Bowling, Reiten, Schwimmen, Badminton, Steherrennen, Derbyrennen, Wasserball, Motorsegeln, Trialfahren und so weiter.

Erst in den letzten fünfzehn Jahren hat sich das für mich weitgehend erübrigt. Das liegt daran, dass es seither die Privatsender gibt, die sich eigentlich um viele jener Randsportarten kümmern sollten (dies aber leider wohl nur selten tun), sodass der Bayerische Rundfunk fast nur noch von großen Sportereignissen berichtet. Ich persönlich bin dafür ganz dankbar. So konnte ich mich mehr auf den Fußball, meine Lieblingssportart, und dazu etwas Eishockey konzentrieren. Doch am liebsten übertragen habe ich, hier sei's verraten, die Basketball-, Volleyball- und Handball-Länderspiele und -Bundesligaspiele – und jene des Europacups. Vor allem mit dem TV Großwallstadt. Da konnte ich schnellen und mitreißenden hochintelligenten Ballsport kommentieren. Viel besser und bildhafter als im Fußball übrigens – gerade im Radio. Ja, das war das Schönste. Ich glaube, ich muss vielleicht noch mal zum Handball.

Phantomtor

Es war der 23. April 1994 in München. Ausverkauftes Olympiastadion. Klare Sache, wer da spielte: der FC Bayern gegen die Cluberer. Klare Sache, wer wieder einmal Pech hatte und wer um den gerechten Lohn betrogen wurde – die Cluberer. Was war passiert? Ein Herr Helmer schießt den Ball einen halben Meter neben das Tor, aber der Schiedsrichter gibt Tor. Ich habe beim Kommentieren keine Bedenkzeit. Ich musste sofort entscheiden, wie ich das werte und was ich sage. Den Schiedsrichter und den Linienrichter nahm ich in Schutz, denn die Sonne stand tief.

Der Linienrichter stand auf der anderen Seite und glaubte, den Ball im entfernten, linken Eck gesehen zu haben. Aber er hatte sich getäuscht. Er war wahrscheinlich durch die Sonne geblendet worden. Ich habe jedoch von Anfang an laut und deutlich gesagt, dass das ein Tor war, das gar kein Tor ist. Und dann versuchte ich krampfhaft, einen anderen Ausdruck als den des abgegriffenen »Phantomtors« zu finden. Ich sprach von dem »Daneben-Tor«, vom »Geistertor«, von dem »Siebenmetersechzigtor«, von dem »Kein-Tor-Tor«, von dem »Von-wegen-Tor«. Aber ich war nicht glücklich mit diesen Begriffen.

Bis heute ist mir kein besseres Wort eingefallen. Aber wahrscheinlich muss eine schlechte Situation auch durch ein schlechtes Wort bezeichnet werden. Noch heute bin ich der Meinung, dass der Schütze sich beim Schiedsrichter hätte melden sollen, um den Irrtum aufzuklären: »Herr Schiedsrichter, der Ball war neben dem Tor.« Aus Fairness. Und schließlich hätte er wissen müssen, dass die Aufzeichnung des Fernsehens den Irrtum klar belegen würde.[3] Da es sich bei dem Tor neben dem Tor um einen »Regelverstoß« handelte, wurde das Spiel zehn Tage später wiederholt.

Im Wiederholungsspiel hätte der Nürnberger Club zur Pause klar führen müssen, vergab aber die besten Chancen. Nach der Pause gab es einen gelb-roten Platzverweis gegen den Nürnberger Abwehrchef Kubik. Danach gewann der FC Bayern 5:0. Letztlich war das bereits der Abstieg für den 1. FC Nürnberg, zwei Spieltage vor Ende der Saison. Das Hinspiel hatte Nürnberg noch mit 2:0 gewonnen.

Zwar entschied der Club das nächste Heimspiel gegen Absteiger Wattenscheid 09 mit 4:1. Aber eine Woche darauf besiegelte die bittere 1:4-Niederlage der Cluberer in Dortmund den Abstieg. Dies allerdings nur deshalb, weil der SC Freiburg zeitgleich durch einen 2:0-Auswärtssieg beim MSV Duisburg an jenem letzten Spieltag den Club nach Punkten einholte (28 Punkte), zudem aber das klar bessere Torverhältnis vorweisen konnte.

Der FC Bayern wurde mit 44 Punkten Meister, nur einen Punkt vor dem 1. FC Kaiserslautern.

Windschutz als Mundschutz

Natürlich kommt es im Fußball manchmal zu Prügelszenen. Dann weiß man wenigstens, dass es beide Seiten ernst nehmen – das Spiel. Aber solche Handgreiflichkeiten sollten die Ausnahme bleiben. Ich erinnere mich noch gut an ein Münchener Lokalderby zwischen Sechzig und Bayern. Christian Ziege, damals Bayern-Spieler, zog den zu der Zeit ebenfalls noch langmähnigen Löwen Jens Jeremies ziemlich brutal an den Haaren. Prompt kam es zu einer Prügelszene, und es gab verschiedene rote Karten. Den Bayern-Manager Uli Hoeneß hätte es vor Wut beinahe in der Luft zerrissen. Schiedsrichter Krug hat seine Sache damals sehr gut gemacht. So gut, dass ihn Hoeneß zunächst nie mehr in München sehen wollte.

Als Reporter habe ich auch schon fast Prügel kassiert. Beim Spiel des FC Bayern gegen den VfB Stuttgart Anfang März 2002 in Stuttgart. Damals führten die Bayern früh mit 2:0 (Santa Cruz und Scholl) und brachten das Ergebnis mit einer souveränen Leistung über die Zeit. Ein Fan der Stuttgarter, der nur durch einen Treppenaufgang getrennt etwa sechs Meter links von mir saß, verfolgte mit gespitzten Schwabenohren meine Reportage, bekam ein schwabenrotes Gesicht und wurde immer verärgerter.

Noch vor der Halbzeit, als ich gerade live schilderte, wie spielbestimmend die Münchner waren, hielt es diesen Herrn nicht mehr auf seinem Schalensitz. Mit einer Fanmütze des VfB auf dem Kopf sprang er voller Wut auf, stürmte zu mir herüber und beschimpfte mich. Damals hörte ich zum ersten Mal das schwäbische Schimpfwort »Schafsäckel«. Der gut gebaute ältere Herr brüllte mich an: »Ja, habe Sie denn jemals selbst gekickt?« Ich nahm das Ganze mit Humor und schilderte dieses Geschehen jenseits des Rasens ebenfalls live meinen Zuhörern. Aber der Mann fing sich gar nicht mehr: Ob ich denn nicht sehe, dass die da unten mit zwölf Mann spielten? Dann schnappte er sich mein Mikrofon und schlug mir damit auf den Mund. Glücklicherweise war das Mikro mit einem Windschutz aus Schaumstoff versehen, der mir in dem Moment sozusagen als Mundschutz diente. Schon griffen Kollegen und andere Zuschauer ein und zogen den Aufgebrachten wieder von mir weg. Ich nahm das Mikro schnell wieder in die Hand und sprach weiter. Die Hörer hatten diesen kleinen Ausraster komplett miterlebt.

Vielleicht meldet sich der Mann ja noch bei mir. Wir können dann gerne mal eine Runde auf dem Cannstatter Rasen kicken. Eins gegen eins, versteht sich.

Sports Bar, London

Etwa tausend junge Leute aller Nationen sind bereits in der Sports Bar. Vor den schwergewichtigen, muskelbepackten Türstehern wabert, rockt und zuckt eine lange Warteschlange. Wir, die vom FC Bayern am Vorabend des Champions League-Rückspiels beim FC Arsenal London eingeladene deutsche Journaille, haben reservierte Sitzplätze. Direkt vom Abschlusstraining der Bayern im Highbury Stadium im Norden Londons wurden wir zurück ins Londoner Zentrum gefahren. In unmittelbarer Nähe von Trafalgar Square ist die Sports Bar am Haymarket.

Unsere Tische sind im ersten Stock. Wir befinden uns in der Theater-Ecke Londons, dort wo früher Sir Alec Guinness seine großen Auftritte hatte. Die Bar ist hoffnungslos überfüllt, alles ist eng, dunkel und ungemütlich. Die braunen Tischplatten sind schmuddelig. Schon der Kampf durch die Massen und die Treppen hinauf bis zu unseren Tischen fordert unseren ganzen Körpereinsatz. Als wir es endlich geschafft haben, nehmen wir den ohrenbetäubenden Lärm erst so richtig wahr. Es ist so laut, dass man sein eigenes Wort nicht hört. Eine Verständigung mit dem Nachbarn ist nur schriftlich auf den Servietten oder per SMS möglich. Über uns hängen dröhnend und gefährlich wie die aufschäumende Gischt einer hohen Welle die Fernsehschirme. Die Kommentare der englischen TV-Kollegen überschlagen sich bereits. Alles in diesem Raum scheint zu wanken, untermalt von Gegröle und lauter Musik. Und Fußball live. Alles gleichzeitig.

Es ist Dienstagabend, der 8. März 2005. Heute finden die ersten Rückspiele des Achtelfinales in der Champions League statt. Seit zwei Minuten spielen zu Hause im Südwesten Londons die Blauen von Chelsea an der Stamford Bridge gegen den FC Barcelona. Zeitgleich trifft in Mailand der AC auf Manchester United. Morgen folgt dann die Begegnung FC Arsenal London gegen den FC Bayern. Deswegen sind wir, zwei Frauen und etwa dreißig Männer, eigentlich hier.

Doch zunächst sind wir jetzt hier gelandet. Ich beginne, meine Entscheidung zu bereuen. Das Spiel hätte ich mir in meinem Hotelzimmer am Portman Square in aller Ruhe ansehen können. Lockte mich etwa das vom FC Bayern spendierte englische Menü? Nein, das kann es nicht gewesen sein. Wie werde ich diese zwei bis drei Stunden überstehen, ohne einen Gehörsturz zu bekommen? Oder ohne Verlust meiner Stimme oder meines Handys?

Da fällt bereits das 2:0 an der Stamford Bridge. Der Torschütze ist Frank Lampard. Ein grandioser Spielzug mit einem grandiosen Abschluss. Der Lärm in der Sports Bar nimmt unglaubliche Ausmaße an. Nur drei junge Spanierinnen am Nebentisch blicken melancholisch ins Leere und zeigen keine Regung. Zwei Minuten später folgt bereits das 3:0 durch Duff, begleitet von alkoholisiertem Gebrüll. Die hübschen Spanierinnen blicken weiter entrückt ins rauchige Zwielicht der Sports Bar am Haymarket. Sie tun so, als wären sie nicht hier und ihnen ohnehin alles egal.

Doch Barça spielt und zaubert unbeeindruckt weiter, so als wäre gar nichts geschehen. Und sie kommen eindrucksvoll zurück. Am anderen Bildschirm läuft die Übertragung aus Mailand. Da trifft Brian Giggs für ManU nur den Pfosten. Doch auf der grellen Mattscheibe daneben beginnen plötzlich die Blauen von Chelsea zu wanken. Es hat sich einiges getan. Ronaldinho verwandelt zunächst einen Strafstoß und schießt anschließend für den FC Barcelona nach zwei discoverdächtigen Hüftwacklern das traumhafte Anschlusstor – aus dem Stand und mit der Spitze! Es steht nur noch 3:2 für die Blauen vom FC Chelsea. Was für ein Spiel! Fünf Tore allein in der ersten Hälfte. Und eins schöner als das andere.

Mit diesem Ergebnis wäre der FC Barcelona weiter. Die jungen Spanierinnen bekommen plötzlich wieder Gesichtsfarbe und strahlen fast in ihrer ganzen Schönheit. Ich bin restlos begeistert und haue inzwischen rhythmisch auf die wehrlose Tischplatte. Hört bei dem Lärm sowie so keiner. Nur die Gläser mit australischem Rotwein wackeln bedenklich. Alle sind vom Lärm, von der Musik und vom Fußball gleichermaßen benommen.

In der Pause nur dröhnende Musik. Richtiger Krawallsound,

doch keine Zeit zum Wundern oder Ohrenzuhalten. Stattdessen gönnen wir uns zur Beruhigung einen Schluck Rotwein. Um uns herum riecht es nach Guinness, Ale und Whiskey. Noch einmal sehen wir die spannendsten Szenen der ersten 45 Minuten beider Spiele auf den schräg hängenden Bildschirmen. So viele rassige Zweikampf- und Torszenen sieht man sonst in zehn Spielen nicht. Schnell ist die Pause vorbei. Die nächsten hektischen Szenen auf dem grünen Rasen in den Stadien Londons und Mailands flimmern wie unwirkliches Leuchtfeuer aus allen Ecken.

Höhnischer Jubel brandet auf, als ManU bei Berlusconis AC mit 0:1 in Rückstand gerät (Crespo in der 61. Minute). Doch schon rauscht die nächste Welle der Begeisterung heran. John Terry, früher noch bei Nottingham Forest, schießt für Chelsea das erlösende 4:2. Damit sind die Spanier aus dem Wettbewerb, und die Londoner Millionarios aus aller Welt ziehen ins Viertelfinale ein. Das Spiel endet mit einem letzten erlösten Aufschrei der Masse in der Sports Bar. Danach stampft die Musik noch lauter als vorher. Wir atmen kräftig durch, stehen auf und kämpfen uns erschöpft und erleichtert durch die Menge nach unten, bis wir in der Londoner Nacht stehen. Es wirkt wie eine Befreiung. Wir können uns wieder verständigen.

Mein Kollege Hans-Peter Pull meckert über das schlechteste Essen, das er angeblich je gegessen habe. Mir ist das gar nicht aufgefallen. Wahrscheinlich vor lauter leiser Begeisterung über dieses einmalige Fußballspiel zwischen dem FC Chelsea und dem FC Barcelona. Heute abend haben sich zwei Mannschaften gleichzeitig in einen Rausch gespielt, und sie sollten beide dafür einen Fußball-Oscar bekommen. Für so ein Spiel – aber nur für so ein wunderbares Spiel – würde ich es mir sogar freiwillig noch mal antun, in eine Sports Bar in London zu gehen.

Hausbesuch. Erste Sprechübungen mit Lothar Matthäus

Dass er ein guter Fußballer werden würde, hatte man früh erkannt. Dass er auch ein guter Redner sein könnte, wurde erst sehr spät klar. Mein Glück war es, ihn als Allererster vor ein Mikrofon zu bekommen. Da war Lothar Matthäus noch ein großer Junge. Das war Ende Mai 1979. Eigentlich war ich ärgerlich, denn ich musste mich an diesem wunderbaren Sommertag von unserem Badegelände verabschieden. Stattdessen rief mich die Pflicht: der Termin bei den Eltern von Lothar Matthäus und bei dem jungen Lothar in Herzogenaurach.

Ich hatte kurzfristig einen Anruf von unserer Sportredaktion aus München bekommen. Es gebe da einen Jugendnationalspieler namens Lothar Matthäus. Der habe schon einen Vorvertrag mit Mönchengladbach, spiele zur Zeit aber noch beim FC Herzogenaurach. Und ob ich den nicht interviewen könne, denn sie bräuchten für den Samstag noch ein Interview. Also stand ich mit meinem kleinen Aufnahmegerät[4] pünktlich um 17.30 Uhr vor dem Haus der Familie Matthäus in Herzogenaurach. Vater Matthäus, ein stämmiger Mann, öffnete mir. Als ich mich vorstellte, musterte er mich kritisch: »Sie sind vom Bayerischen Rundfunk?« Damals trug ich eine braune Lederjacke und eine verwaschene Jeans. Mein Bart und meine Haare waren lang und dicht. Für jemanden, der an die Terrorismusgefahr glaubte, sah ich also ziemlich gefährlich aus. Aber schließlich ließ er mich eintreten, ohne dass ich mich ausweisen musste. Das Mikrofon hatte ihn überzeugt.

Er führte mich ins Wohnzimmer, und dann kam Lothar und setzte sich mir gegenüber. Ich sagte dem Vater, dass er schon gehen könne, wir kämen allein zurecht. Es würde sicher nicht länger als zehn Minuten dauern. Da konnte ich noch nicht ahnen, dass es eine eher schleppende Partie geben würde zwischen Lothar Matthäus und mir. Aber nach einigen Mühen und etwa einer Stunde hatte ich sehr brauchbare Sätze auf meinem Band. Etwa: »Ich geh noch auf die Arbeit den ganzen Tag.« Oder: »Die Schuhe putze ich selber oder meine Mutter, wenn ich keine Zeit habe dazu.« Oder: »Heimweh könnt schon noch kommen, aber ich bin froh, dass ich einen Vertrag in Gladbach habe, und das Geld zählt ja zum Schluss.« Zwischendurch musste ich mindestens zweimal den Vater beruhigen, der immer wieder aus der Küche kam und seinen Sohn fragte, ob auch alles in Ordnung sei. Wir konnten das sorgenvolle Familienoberhaupt aber beruhigen, es ginge schon alles glatt.

Aus diesen Aufnahmen entstand durch die geschickte Schneidearbeit der Kollegin Lilo im Studio Franken – sie amüsierte sich dabei köstlich – ein nettes Interview, das immer wieder mal gespielt wird. Damals sprach Lothar Matthäus noch längst nicht so flüssig wie heute. Immer wieder musste ich dem gerade erst Achtzehnjährigen erklären, dass das ganz einfach sei. Und es war hochinteressant, wie gut es derselbe Lothar Matthäus im Laufe der Jahre lernte, mit der Sprache umzugehen und sich immer und überall ins Gespräch zu bringen. Fußball bildet eben.

Im Laufe meiner fast dreißig Jahre als freier Journalist und Reporter habe ich nur sehr wenige Fußballer erlebt, die sich in diesem Maße für ihren Beruf und ihren Sport engagiert haben, wie es Lothar Matthäus getan hat – sei es in der Nationalmannschaft, sei es in der Bundesliga. Die so lange internationale Klasse repräsentierten wie er und so ehrlich und so offen waren wie er. Damit eckte Matthäus natürlich manchmal an, denn dieses Verhalten war ungewöhnlich. Aber mir persönlich ist das zehnmal lieber als ein glatt gebügelter und gefönter Profi, der geschliffen redet und sich dabei elegant an der Wahrheit vorbeiformuliert. Das ist einem Lothar Matthäus nie passiert, weder bei seinem ersten noch bei seinen weiteren Interviews. Nur schade, dass er als geborener Franke für Franken und mit Franken nichts mehr am Hut zu haben scheint.

Aus dem Leben eines Reporters

Nur gut, dass uns Radioreporter so gut wie keiner kennt. Zumindest nicht, solange wir nicht den Mund aufmachen. Aber selbst dann können wir mit halber Stimmkraft oder gar leicht verstellter Stimme sprechen. Und keiner merkt es, keiner erkennt uns an unserer Radiostimme, wenn wir das nicht wollen. Im Zug will ich das ganz sicher nicht. Das ist mir in den ersten Jahren ein paar Mal passiert. Anschließend hatte ich dann fast vier Stunden damit zu tun, halbwegs höflich zu signalisieren, dass ich kein Bier wolle und auch nicht über die Löwen, die Hachinger, die Cluberer, die Bayern, Gladbach, die Eintracht, den HSV oder Schalke sprechen möchte.[5] Oft sage ich dann, ich müsse meine Stimme schonen. Das wirkt immer. Fast immer.

Die Hinfahrt ist erträglich. In der Regel bin ich noch frisch und ausgeruht. Aber selbst da geht der Stress schon los: Habe ich auch alles dabei? Großes Reportergerät in speziellem Koffer mit sieben für die Übertragung unverzichtbaren Zubehörteilen. Erst mal das dicke schwarze Anschlusskabel für eine hoffentlich im Stadion vorhandene und auch funktionierende Steckdose. Als Zweites ein dünnes, empfindliches ISDN-Kabel mit zwei funktionstüchtigen Schnapperln (am besten Ersatz mitnehmen) für das hoffentlich vorhandene NBTA (Netzabschlussgerät). Als Drittes ein passendes Mikrofon mit viertens der passenden Mikrofonzuleitung. Sowie fünftens ein Kopfhörer mit Stecker. Sechstens ein sehr wichtiges kleines Überspielkabel für im Stadion aufgenommene Interviews und das dazugehörige Aufnahmegerät mit geladenen Batterien und Ersatzbatterien, Kassette und Ersatzkassette. Schließlich siebtens der Schlüssel für den NBTA-Kasten im fremden, außerbayerischen Stadion. Und wehe, wenn man ein einziges Teil vergessen hat. Von so Selbstverständlichkeiten wie Funkuhr, Stoppuhr, gelbem und rotem Marker, Klebeband, Stiften, Block und Vorbereitungsseiten mal ganz zu Schweigen. Und im Winter ganz wichtig: die warmen, fingerlosen Handschuhe, vor 20 Jahren handgestrickt von der älteren Tochter. Dazu die Bergsteiger-Wärmepads, Hustenbonbons, heißer Tee in der Thermosflasche und Traubenzucker.

Mit zwei Dienstkoffern bepackt, bleibt kein Platz mehr für eine dritte Arbeitstasche. Also müssen wir Auswärtsreporter des BR und des NDR (die anderen Sender leisten sich diesen Luxus nicht, oder sie finden keine »Pfadfinder« mehr) unsere Arbeitsutensilien in der Mantel- oder Jackentasche verstauen. So geht es dann samstags gegen 7.30 Uhr zum Bahnhof. Mit einmaligem oder mehrfachem Umsteigen – bloß nichts vergessen! – bin ich in der Regel vier bis fünf Stunden unterwegs.

In der Bundesligastadt eines anderen Bundeslandes angekommen, fahre ich direkt weiter ins Stadion. Bis ich dort ankomme, ist es dann etwa 14 Uhr, immer vorausgesetzt, die Züge waren einigermaßen pünktlich. Nun beginnt das Spießrutenlaufen. Keiner oder fast keiner kennt mich. Ich durchlaufe etliche Kontrollen, und immer wieder schickt mich jemand ans verkehrte Eingangstor, weil derjenige zufällig neu in diesem Job oder schlichtweg überfordert ist.

Noch vor dem Spiel muss ich Fans beider Mannschaft interviewen und diese O-Töne bis spätestens 14.30 Uhr über die Leitung ins Funkhaus nach München überspielen. Diese Interviewschnipsel werden dann zu Beginn von »Heute im Stadion« von der Regie zugespielt. Also frage ich die umstehenden Fans. Wenn dann alle vier O-Töne im Kasten sind, suche ich meinen Reporterplatz. Dabei bete ich zu Gott, dass Strom in der Steckdose ist, dass der NBTA-Kasten an Ort und Stelle ist, dass der Schlüssel passt, dass die Leitung frei geschaltet ist und und und. Außenstehende machen sich vermutlich keine Vorstellung davon, wie stressresistent man da sein muss.

Nach dem Spiel um etwa 17.20 Uhr und den etwa zwanzig Reportage-Einblendungen, vorwiegend für Bayern 1, aber auch zwei- bis dreimal für Bayern 3 und B 5 aktuell geht es sofort hinunter zum »Nahkampf« in den Stadioninnenraum zu hoffentlich drei bis vier geglückten Interviews. Diese müssen wiederum sofort im Anschluss am besten vor 17.30 Uhr über die ARD-Leitung überspielt werden. Das geschieht entweder oben unter dem Stadiondach am Reporterplatz oder aber neben dem Stadion im Ü-Wagen des dortigen ARD-Senders. Doch zur selben Zeit arbeiten dort im Ü-Wagen auch die KollegInnen vom SWR, NDR, WDR, HR, von RBB oder dem MDR – je nachdem, wo ich gerade bin – fieberhaft an ihren BmEs (Berichte mit Einspielungen). Und damit ist der Stress noch lange nicht vorbei. Denn nun muss ich noch Glück haben, um rechtzeitig nach der Pressekonferenz – etwa um 17.45 Uhr – nachdem ich alle Kabel und Leitungen vorsichtig und fein säuberlich abgebaut und eingepackt habe – schwer beladen zum Bahnhof zu kommen und dort noch meinen Zug zu erwischen.

Oft inmitten grölender Fans geht es dann in fünf bis sechs Stunden zurück an den Heimatbahnhof. Kurz nach Mitternacht und einem erlebnisreichen, anstrengenden Achtzehn-Stunden-Tag sinke ich dann – falls alles einigermaßen gut gegangen ist – zu Hause erschöpft ins Bett.

•

WBT vom FCB

Er lässt mich tatsächlich durch. Gut, ich trage das schwarze ARD-Leibchen mit dem roten Aufdruck: »Die Bundesliga, ARD«. In der Hand halte ich zudem ein vom SWR freundlicherweise entliehenes Mikrofon. Muss ja alles seine Ordnung haben, sonst gibt es Stress. Noch dazu auf fremdem Terrain: im Sendegebiet des Südwestrundfunks. Der aber schon bei den Vorbereitungen in den Tagen davor freundlich und sehr entgegenkommend war.

Allerdings kann das am Betzenberg auch anders laufen. Hier muss man vorsichtig sein, denn hier herrscht ein besonders wacher Presse-Häuptling. Der alles, aber auch wirklich alles, gerne selbst kontrolliert. Der mächtige Presse-Mann vom Betze sorgt dann aber gnädig dafür, dass wir weitergehen dürfen: mein junger Kollege Jürgen Rademacher vom SWR und ich, der alte Mann und das Mikrofon mit blauem Windschutz.

Nur noch wenige Meter vom Rasen und der Eckfahne entfernt, auf Position Nordwest, stehen wir jetzt direkt vor der heute schweigsamen Westkurve. Ein sichernder Griff mit der linken Hand zum kleinen Sender unter dem ARD-Leibchen – alles noch da. Ich schalte den Sender ein, mit einem herrlichen kleinen »Klicks«. Schön, auch das klappt. Noch schnell den kleinen Ohrstecker ins linke Ohr. Passt, hält und hat ein bisschen Luft. Die Verbindung zum Ü-Wagen ist auch da.

Da ist die Eckfahne. Es ist 17.12 Uhr. Das Spiel steht immer noch 0:4, der FC Bayern München ist, heute am 31. Spieltag am 30. April 2005 Meister, wenn es auf Schalke beim 3:3 gegen Leverkusen bleibt. Ich habe die ARD-Konferenz und Manni Breuckmann im Ohr. Der blonde Hanke vergibt die letzte Schalker Chance nur drei Meter vor dem Tor. Ich sehe förmlich seine Verzweiflung. Dicht gedrängt stehen wir wenige Meter von der Eckfahne entfernt, aber deutlich außerhalb des Spielfelds. Es ist sommerlich warm.

Schalke lag zunächst hinten gegen Leverkusen, führte aber zur Pause 3:1. Inzwischen steht es seit langem 3:3. Bei diesem Endergebnis wären die Bayern bereits drei Spieltage vor Ende der Saison mit elf Punkten Vorsprung deutscher Fußballmeister – zum 19. Mal. Aber noch ist das Spiel auf Schalke und auch jenes langweilige hier nicht aus. Voronin hatte für Leverkusen gerade den Ausgleich erzielt, als ich mich nach dem letzten von 18 Abrufen von meinem Reporterplatz aufmachte, um über zahllose Treppengänge und durch die Bierhalle zur Mixed Zone zu gelangen.

Es steht also immer noch 3:3 auf Schalke? Ja! Mein Blick geht zur Uhr: 17.14 Uhr. Na ja, das wird schon noch einige Minuten dauern. Gelangweiltes Zuschauen hier und konzentriertes Hören mit dem linken Ohr. Die enttäuschten Lauterer Fans gehen schon nach Hause. Kaiserslautern heute fast drittklassig, Bayern von einem anderen Stern. Schönes Tor zum 0:1 von Kapitän Ballack früh in der ersten Hälfte. Heute so gut wie selten in der Saison. Vielleicht liegt das an der Kapitänsbinde. Kahn ist wegen Fingerverletzung zu Hause geblieben. Hatte womöglich Angst, dass er sich die Hand tatsächlich verletzen könnte – beim anschließenden Händeschütteln. Hier, am früher mal gefürchteten »Betze«, führt der FC Bayern München quasi im vorsommerlichen Spaziergang 4:0.

Nur noch zwei Minuten. Wir warten ungeduldig am Beginn der eigentlich berüchtigten, heute aber ganz stillen Westkurve. Jetzt wird es allmählich bedrohlich eng hier. Etwa zwölf Journalisten vom Fernsehen und wir zwei Radio-Freaks. Das gute alte und immer noch junge Radio. Immer noch live dabei. Doch wie lange wird es sich noch gegen das bald digitale Fernsehen und das Internet behaupten können? Jetzt ist das Spiel hier aus. Bayern gewinnt 4:0. Scholl wurde noch eingewechselt, ebenso wie vorher Schweinsteiger und Deisler. Aber es herrscht verdächtige Ruhe im Stadion. Markus Hörwick, der Pressesprecher von Bayern München, telefoniert noch. Da höre ich es über meinen Ohrstecker: Das Spiel in Schalke ist jetzt aus. Endstand 3:3. Bayern ist Meister.

Also heute schon. Wie von mir mehrfach vorhergesagt, so noch vor wenigen Stunden auf Bayern 3 in meiner Samstagskolumne: »Bayern wird sowieso gewinnen und Schalke abermals patzen – diesmal gegen Leverkusen.« So gesehen hat das knappe Ausscheiden im Viertelfinale der Champions League gegen den FC Chelsea London etwas Gutes gehabt. Für die Münchner, nicht jedoch für die Bundesliga. Hoppla, jetzt dürfen wir bis zur Eckfahne. Ich atme nochmals tief durch. Gleich beginnt der Nahkampf jenseits der Seitenlinie. Dort wird gerade die Sponsorenscheibe als Hintergrund für die Interviews in Position geschoben.

Und ich traue meinen Augen kaum: Schon etwa eine Minute nach Spielschluss winkt uns der Medienboss vom 1. FCK auf das Grün. Vielleicht, weil kein Spieler der Bayern kommt, sondern alle vor den Bayernfans in der Ostkurve wie wild feiern. Tatsächlich: Heute darf ausnahmsweise auch ich als ARD-Radiomann mal direkt nach dem Schlusspfiff auf den heiligen Rasen. Die Lauterer Spieler schleichen wie abgewatschte Freizeitfußballer an uns vorbei in ihre Kabine.

Jetzt geht es auch hier los. Im Mittelkreis. Da kommt die etwas bestellt wirkende Weißbierdusche für die Fernsehleute, auch für den Trainer. Ich schleiche mich im großen Bogen um alle herum. Ah, ganz einsam steht dort im verwaisten Mittelfeld, wo er vorher zusammen mit Ballack zauberte, Mehmet Scholl. Erste Kontaktaufnahme: Wir werfen uns gegenseitig scherzhaft vor, Legenden zu sein. Ab heute ist Scholl aber wirklich Legende. Denn er gehört zu den wenigen, die sieben Meistertitel bei den Bayern erspielt haben, so wie Klaus Augenthaler. Wir führen ein kurzes, aber nettes Interview. Alles live und weg in den Äther.

Dann weiter zu Uli Hoeneß. Der 17-fache Meister (14-mal als Manager und dreimal als Spieler) steht wohl ebenfalls bewusst versonnen abseits, vor der leeren Westkurve. Einsam und allein. Keine Kamera weit und breit. »Darf ich stören?« Ein Lächeln huscht über das breite Gesicht von Deutschlands erfolgreichstem Fußballmanager. So erlebt man ihn nicht oft. Ich stelle fest, dass diese vielen Meisterschaften, die er als Spieler und Manager jetzt schon erlebt hat, auch ein Erfolg von vielleicht zehn kompetenten Leuten hinter und neben ihm seien. Hoeneß erwidert mir: »Nein, das sind 120 Menschen, bis zur Wäschefrau und zu dem Mann, der die Schuhe macht. Alle bekommen ein Extragehalt. Das ist ein Freudentag für den FC Bayern.«

Aha, die menschliche Note der Bayern, die die Bundesliga beherrschen wie kein zweiter Verein. Dann folgen aufgeregte Fernsehinterviews der Kollegen, die ich aus respektvollem Abstand verfolge. Wie ich über meinen Mann im Ohr vernehme, spricht der SWR-Kollege gerade einen Kommentar. Der ist um 17.32 Uhr zu Ende. Jetzt kann ich weitermachen. Zunächst mit Innenverteidiger Robert Kovac, den ich frage, warum er geht, und ob es ihm nicht Leid tue. Nein, sagt er, es sei eine wunderbare Zeit gewesen, aber er möchte auch mal ins Ausland wechseln.

Dann kommt das nächste Flash-Interview mit Trainer Felix Magath, nachdem der exklusiv vor der Aufzeichnungs-Fernsehkamera mit Weißbier abgeduscht worden war. Auch das wird ein schönes Interview. Es begrüßen sich zwei Männer, die sich aus Nürnberger Tagen kennen und seither schätzen. Magath bedankt sich für die Glückwünsche und erzählt, dass es anfangs schon Schwierigkeiten gegeben habe mit diesem Meisterensemble. Dann habe man sich aber gefunden, und nun sei er einfach glücklich und stolz.

Gleich im ersten Jahr bei den Bayern erlebt er heute und hier die erste Meisterschaft als Trainer. Das hatten vor ihm nur sein eigener ehemaliger Lehrmeister beim HSV, Branco Zebec, mit den Bayern geschafft (1969) sowie später Franz Beckenbauer und Ottmar Hitzfeld. Magath strahlt und klebt. Die Brille hat er in Sicherheit gebracht. Sein schwarzes Haar ist weißbierverklebt, aber er trägt ein breites Grinsen im Gesicht. Nach knapp zwei Minuten ist das Gespräch vorbei. Mehr ist auch nicht erlaubt. Das kann Sperre geben für den Reporter. Auch für einen alten Dackel im neunundzwanzigsten Dienstjahr.

Nun wollen die Fernsehkameras der beiden betroffenen Dritten Programme den Meistertrainer. Ich trete zurück, bedanke mich und stelle mich wieder etwas abseits. Wen hast du schon? Hoeneß, Scholl, Kovac und jetzt Magath. Ah, der Schweinsteiger. Aber der läuft weg! So schnell bin ich auch. Aber er läuft mir schon wieder lachend weg. Dank guten Stellungsspiels erwische ich ihn wieder und halte ihm das Mikrofon vor den Mund, bevor er wieder weglaufen kann.

Ich frage ihn, ob das nicht toll ist, im ersten Jahr gleich Meister zu werden. Bastian Schweinsteiger zeigt mir mit den Fingern, dass das schon sein drittes Profijahr ist. Okay, aber in seinem ersten Jahr, in dem er so richtig bei den Profis dabei war? »Ja, schon.«

Er grinst jungenhaft. Und ich frage ihn weiter, wie viele Meisterschaften er sich denn insgesamt holen will? »Statistisch könnten das schon zehn werden.« – »Na dann, warten wir es einfach ab. Danke, Schweini!«

Frings will nicht, ist muffig. Ich lasse ihn. Die französischen Spieler Lizarazu und Sagnol, besser nicht. Den Peruaner Pizarro, nein, hat heute wieder auswärts nicht getroffen. Makaay, den Holländer, besser nicht. Den Torhüter Michael Rensing, der heute anstelle von Kahn im Tor steht? Ja oder nein? Nein, er will nicht, kommt vielleicht später. Dann eben nicht.

Ob ich ein fünftes Mal Ballack anhaue? Den heute geradezu großartig auftrumpfenden Ersatz-Kapitän? Ich werde es tun. In jedem Fall. So leicht gebe ich nicht auf. Es ist bereits 17.40 Uhr. Alle Spieler drängen natürlich zu den Fernsehkameras oder zumindest zu den Fotografen. Nein, momentan immer noch keine Chance bei Ballack. Trotz guten Stellungsspiels und alter läuferischer Qualitäten. Nur die Zerrung in der rechten Wadenmuskulatur vom letzten Presse-Kick, die meldet sich plötzlich wieder. Egal. Augen zu und durch.

Kann ja auch ganz zufrieden sein. Immerhin fünf Interviews bis jetzt. Ich hoffe natürlich, dass alle Gespräche sofort live rausgegangen sind.[6] Jetzt läuft Michael Ballack doch tatsächlich noch einmal an mir vorbei, durch den Strafraum vor der Gästekurve über die Mittellinie zur Eckfahne vor der längst gähnend leeren Westkurve beim Spielerausgang. Von dort waren wir anfangs alle zur Interviewjagd gestartet. Nein, er will abermals abhauen. Das darf doch nicht wahr sein! Also hinter ihm her. Kurzer Sprint und – er stellt sich plötzlich. Gott sei Dank.

Ich beginne wieder mit der Gratulation – dass er jetzt seine dritte Meisterschaft holt, nach drei Vizetiteln mit Bayer Leverkusen und den Münchnern sowie einem Titel mit dem 1. FC Kaiserslautern und einem mit den Bayern. »Ja, schön«, antwortet der Kapitän amüsiert, »dann ist mir heute ja der Ausgleich gelungen.« Ballack spricht lange und ausführlich. Ich wundere mich bereits. Dabei versucht er mir ganz genau in die Augen zu schauen, was aber wegen meiner Sonnenbrille nicht möglich ist. Dies ist übrigens mein erstes Interview mit Ballack überhaupt.

Jetzt sieht Michael Ballack plötzlich an mir vorbei nach rechts. Und plötzlich klatschen von oben vier Liter warme Weißbierbrühe auf meine Platte. Von dort fließt die Soße auf allen Seiten und direktem Wege runter in den Nacken und durch den Bart. Auf die dünne ARD-Jacke, auf das neue und teure seidene T-Shirt. Vor allem aber auf und in meine schöne, eierfarbene Lederjacke. Äußerlich ungerührt stelle ich Ballack die nächste Frage. Der Kapitän der deutschen Nationalmannschaft und heute ausnahmsweise auch des FC Bayern, antwortet weiter geduldig und freundlich.

Schließlich wischt er mir, während ich ungerührt meine nächste Frage stellt, fürsorglich, ja fast zärtlich mit seiner rechten Hand vorsichtig den Weißbierschaum von meiner Platte. Wir führen das Interview in aller Ruhe zu Ende, so als wäre nichts geschehen. Zur Sicherheit halte ich Ballack allerdings mit meiner rechten Hand leicht fest, damit er mir nicht wieder entwischt. Das Gespräch geht hoffentlich trotz Weißbier und pitschnassem Mikrofon raus. Zum Abschluss noch ein herzliches Dankeschön an Ballack. Doch wer war das mit dem Weißbier? Jetzt ist keine Sekunde Zeit zum Nachforschen.

Ich springe über die Barrieren, runter durch die Bierhalle, an Fans vorbei, die mich zwar aufhalten wollen, aber das nicht schaffen, und eile nach oben zur Pressekonferenz. Magath und Hans-Werner Moser, zurzeit Trainer in Kaiserslautern, reden leise. Was Magath sagt, ist nichts Neues für mich. Also drehe ich um und haste wieder raus, an den Kontrollen vorbei. Zwei weitere Stockwerke höher auf der Pressetribüne wartet schon mein Kollege und Spezi Wolfgang Breunig an meinem Reporterplatz. Er reicht mir den Kopfhörer meines aus Nürnberg mitgebrachten Youcom-Reporter-Sets. In der Sendung »Heute im Stadion« läuft gerade erst das Interview mit Felix, dem Glücklichen. Christine aus der Regie ruft: »Günther, hörst du mich? Die letzten Interviews sind so spät gekommen. Was war denn da los bei euch?«

»Weiß ich nicht. Habe alles live und so schnell wie möglich gemacht.« Und ich war noch so stolz und glücklich.

»Ja, reden wir später drüber. Christoph will dich noch einmal auf Sendung haben.« Es folgt ein kurzes Gespräch mit Christoph Deumling, dem Moderator: »Günther, wie geht's? Auch innerlich mit dem Weißbier Bekanntschaft gemacht?« »Nein, nur äußerlich, aber wie«, antworte ich ihm.

»Na dann gute Heimreise.«

Danach eile ich mit klebriger Jacke schnell um die WM-Baustelle Fritz-Walter-Stadion zum Parkplatz mit dem kleinen Ü-Wagen des SWR. Dort warte ich fast eine halbe Stunde, bis ich dran bin. Ich spreche zwei Nachberichte aus dem Stand: über den FC Bayern und die anderen, die da noch in der Bundesliga mitspielen. Mit denen aber im Grunde genommen nur der FC Bayern spielt. Vielleicht sollte Bayern München mit der ersten Mannschaft in der englischen Premier League antreten. Oder in Italien in der Seria A. Und für die Bundesliga sein B-Team abstellen. Das wäre es doch! Auch werbe- und finanztechnisch könnte das für die Münchner eine neue Herausforderung sein. Und außerdem würde das B-Team sicher immer noch für einen Platz zwischen 1 und 5 in der Bundesliga gut genug sein.

Ich weiß nicht, ob irgendein Sender diesen leicht verrückten Vorschlag an dem Samstagabend gesendet hat. Schließlich komme ich nachts um 23.30 Uhr in Nürnberg wieder an, mit meiner stinkigen Lederjacke. Als ich meiner Frau von der 19. Meisterschaft der Bayern erzählen will, scheint die das jedoch überhaupt nicht zu interessieren. Sie sagt lediglich: »Du stinkst.«

Montagmittag geht's wie immer wieder zum Fußballspielen mit den jungen Kollegen. Trotz Zerrung. Zwei, drei herrliche Tore mit dem anderen Fuß, mit dem linken. Doch die Jacke ist wohl für immer ruiniert. Sagt jedenfalls die Frau von der Reinigung. Ich musste nach Vorkasse sogar noch wegen »Extremverschmutzungen« einen so genannten »Gewährleistungsverzicht« unterschreiben. Und das alles nur wegen einer von unzähligen Bayern-Meisterschaften und dem obligatorischen Weißbier. Später erfahr ich es dann doch noch: Es war Schweinsteiger gewesen, alias Schweini. Wer denn sonst? Aber schön war's trotzdem.

Blinder Passagier

Im Flugzeug habe ich noch keinen blinden Passagier erlebt. Aber bei einem Fußballspiel. Dabei habe ich es nicht mal gemerkt. Gewöhnlich sehen wir nicht so genau hin, wenn die Mannschaften von den Fotografen abgelichtet werden. Die Zuschauer haben es größtenteils auch nicht gemerkt. Aber am nächsten Morgen kam dann ein aufgeregter Anruf von der BBC. Und dann sah ich das Foto in der Zeitung.

Es war in der Champions League-Saison 2001, also in dem Jahr, in dem der FC Bayern Champions League-Sieger werden sollte. Das Viertelfinal-Rückspiel zwischen Manchester United und dem FC Bayern fand im April in München statt. Auf dem Mannschaftsfoto von ManU, das ja nach einem exakten Zeitplan mit der entsprechenden Hymne vor Spielbeginn geschossen wird, hatte sich ein Unbekannter ablichten lassen. Er stand da im Trikot von Manchester United als Zwölfter in der zweiten Reihe ganz außen. Nur zwei Spieler bemerkten es, konnten ihn aber nicht mehr vertreiben und straften ihn mit einem bösen Blick.

Die anderen neun blickten angespannt nach vorne in die Kameras. Und am nächsten Morgen strahlte neben ihnen unser »blinder Fußball-Passagier«, mit seiner Armbanduhr am rechten Handgelenk, frech wie Oskar – als 12. Spieler von ManU. Es war in allen Zeitungen und im Fernsehen zu sehen. Natürlich war die Aufregung groß. Wie aber war das möglich gewesen?

Der blinde Passagier namens Karl Power (35) war als Fotograf verkleidet von britischen Kollegen mit eingeschleust worden, ohne dass es jemand bemerkt hatte. Nachdem die Mannschaften feierlich eingelaufen waren und nachdem die Champions League-Hymne über die Stadionlautsprecher abgespielt worden war, lockerten sich die Spieler kurz, bevor sie sich zum Mannschaftsfoto aufstellten. Genau in diesen wenigen Sekunden entledigte sich Power im Innenraum flugs seines Anoraks und seiner Hose und lief dann schnurstracks auf den Platz, wo er sich rotzfrech zur ManU-Mannschaft stellte. Das alles dauerte nur wenige Sekunden. Als die BBC-Kollegen am nächsten Morgen von mir live am Telefon wissen wollten, wer es war und wie das möglich war, konnte ich immer nur verlegen beteuern: »It wasn't me! It wasn't me!«

Lustig war es aber schon – für alle Unbeteiligten zumindest. Klar, dass man diesen fremden Sportsfreund eigentlich dafür hätte empfindlich bestrafen müssen: Lebenslänglich Stadionverbot. Eigentlich schade, dass er nicht versucht hat, als 12. Mann mitzuspielen, um sich dann vom Schiedsrichter oder den Spielern von ManU abführen zu lassen. Von solchen Ereignissen und der Möglichkeit, diese dann zu kommentieren, träumt man als Reporter immer. Es wäre sicher zum totalen Theater im Stadion gekommen. DAS hätte ich gerne meinen Hörern in einer Art Hörspiel im Radio geschildert.

Aber auch schade, dass der Coup vermutlich von einer Fotoagentur eingefädelt wurde, um ihn dann als »Geschichte« weiterverkaufen zu können. Unsäglich, wer heute alles rücksichtslos den Fußball für seine Zwecke missbraucht – und zwar nicht nur für ein einziges Foto.

Der Ball spricht

Ball – eine Hommage an dich

Danke, Ball! Du, Ball, bist unser Held. Du hilfst uns vergessen, dass wir zu alt oder zu jung oder zu schlecht oder zu dumm sind. Dass wir müde sind, dass wir nicht immer gewinnen können. Du lehrst uns meisterhaft, dass wir hoffnungslos und endgültig blamiert und verloren sind, wenn du uns plötzlich unmittelbar vor Schluss verlieren lässt, nur weil du es von einer Sekunde zur anderen einfach so für dich, für die anderen und gegen uns entschieden hast. Aus und vorbei, du hast immer das letzte Wort!

Du machst uns laufen, auch wenn wir eigentlich nicht laufen wollen oder laufen können. Selbst wenn wir verletzt sind, ist die Sehnsucht nach dir da. Aber du machst uns vieles einfach vergessen. Vor allem, wenn du uns unverhofft vor dem Tor vor die Füße fällst. Dann ist das Glück vollkommen. Und in dieser Sekunde, in diesem Moment, ist alles andere vergessen. Wir dürfen mit voller Kraft und Lust auf dich draufhauen – und du klingst dann auch noch gut. Richtig gut klingst du sogar nur dann, wenn wir dich richtig getroffen haben. Treffer! Tor!

Leider fällst du nicht immer vor unsere Füße, viel zu oft noch springst du zum Gegner. Dennoch, Ball, du bist unser Zentrum. Du kannst alles. Du weißt alles, hörst alles, duldest alles. Du weißt, wo wir mit unseren Gedanken sind, wenn wir sekundenkurz zusammen sind, wenn du was von uns willst, wir aber versagen. Wie verrückt und wild schreien wir dich dann an und fühlen uns dennoch sauwohl dabei.

Doch du kannst ja gar nichts dafür, wenn wir zu blöd sind, dich so anzunehmen, wie du gerade kommst, wie du gerade bist und wie du es gerade brauchst. Also fluchen, betteln und jammern wir. Dann, ja dann und nur dann antwortest du und erzählst uns deine Geschichten. Du erzählst, dass du dich auch ärgerst, wenn man nicht mit dir redet oder dich daneben schießt oder knapp vorbeipasst – auch neben den Freund. Du kannst alles und zeigst uns, was wir alles nicht können. Du, unser aller Meister und Gebieter, von uns Getretener und von uns Verfluchter, du Begehrter und Gehetzter, Verpasster und doch wieder Umschlungener, du Ball.

Du achterst, ackerst, aktivierst, angelst, arbeitest, argwöhnst, ärgerst, ärpfelst, babbelst, bahnst, bandelst, balancierst, ballerst, ballst, bamperlst, baslerst, beckenbauerst, bedrängst, bedrohst, beeindruckst, befiehlst, befreist, begegnest, begeisterst, begleitest, beglückst, behütest, beleidigst, bemühst, beobachtest, berauschst, berührst, bellst, benebelst, bereicherst, bereinigst, beschädigst, beschmutzt, besänftigst, bestichst, besuchst, bettelst, bevorzugst, bewachst, bewertest, bezirzt, biegst, bietest, bildest, bindest, bist, bittest, blamierst, blatterst, bleibst, blendest, blinkst, blockst, blockierst, blödelst, bluffst, bockst, braust, bremst, brennst, brichst, bringst, bullerst, bummelst, brodelst, bimst, brennst, bringst, brummst, brunnenmeierst, büßt, bumst, chipst, ciricst, cluberst, dantelst, darbst, dirigierst, donnerst, drängelst, drängst, drehst, dringst, drohst, dümpelst, dürstest, darfst, ecksteinst, effetst, eierst, eigackerst, eigentorst, elektrisierst, entmannst, entrückst, entschuldigst, enttäuschst, entthronst, entweichst, entzweist, erlebst, erlöst, ermattest, ermittelst, erniedrigst, erreichst, erregst, erschütterst, ersäufst, fällst, fälschst, fauchst, federst, feuerst, fifast, figost, findest, fintierst, flanierst, flatterst, flickst, fliegst, flirtest, flitzt, fluchst, flüchtest, flunkerst, flutschst, folgst, forderst, för-

derst, formst, foulst, fragst, frierst, frisierst, fremdelst, frustrierst, fühlst, fügst, furchst, fusselst, fütterst, gaukelst, gehorchst, gehst, genießt, gestaltest, gewinnst, gibst, gierst, giftest, giltst, gipfelst, glänzt, gleichst, gleitest, glimmst, glitschst, glitzerst, globalisierst, glotzt, gluckerst, grast, gratulierst, grosserst, grübelst, grummelst, grunzt, haderst, halbierst, hallst, hängst, haspelst, hast, hebst, heilst, heizt, hilfst, hobelst, höhnst, hodest, holst, horchst, holperst, hörst, hüpfst, hupfst, interessierst, irritierst, jagst, jappst, jaulst, jobst, jodelst, joggst, jubilierst, juchzt, juckst, kalauerst, kannst, katapultierst, kaufst, kennst, klagst, klammerst, klapperst, klatschst, klaust, klebst, kletterst, klingelst, klingst, klinsmannst, klopfst, knackst, kneifst, knippst, knirschst, kochst, köchelst, kokettierst, kollaborierst, kombinierst, kommst, komplizierst, konterst, kontrollierst, kopulierst, kostest, krachst, krampfst, kratzt, kreiselst, kreist, kriechst, kugelst, kullerst, kungelst, kuppelst, kurvst, küsst, lachst, lächelst, landest, lattelst, läufst, langweilst, lauerst, lauschst, lebst, lederst, lehrst, legst, leidest, leihst, lenkst, liebäugelst, liebst, liest, linst, lispelst, lobst, lockst, loderst, lost, löst, luderst, lungerst, lugst, lügst, lümmelst, machst, magst, makaayst, makelst, malst, malträtierst, markierst, manipulierst, maulst, meidest, meisterst, meldest, melkst, misst, merkst, meuterst, mintalst, mobbst, mogelst, mokierst, moserst, motivierst, muckst, müllerst, murmelst, muskelst, musst, nagst, narrst, negierst, neidest, neigst, nennst, nervst, netzerst, netzt, nimmst, nullerst, nullingerst, nutzt, nützt, obsiegst, oechlerst, öffnest, ordnest, organisierst, packst, parkst, passierst, patzt, pfeifst, pflaumst, pflegst, pflügst, pfostelst, piepst, plagst, platschst, plättest, platzt, plumpst, pöbelst, podolskist, prallst, prägst, preist, prellst, prostituierst, prüfst, preschst, protzt, punktest, putschst, quabbelst, quäkst, quälst, quietschst, quittierst, quillst, rächst, rätselst, rätst, rammst, ramponierst, rast, ratterst, raubst, rauchst, raufst, räumst, raunst, räusperst, reagierst, rebellierst, rechnest, redest, regelst, regulierst, reibst, reichst, reifst, reinigst, reißt, rennst, rettest, reizt, relativierst, richtest, riechst, ringst, röhrst, röchelst, rollst, ronaldinhost, rotierst, rückst, ruhst, rufst, rumorst, rumpelst, rundfunkst, rutschst, sabberst, sabbotierst, sagst, saust, säuselst, schadest, schaffst, schaltest, schaukelst, schaust, schepperst, scherzt, scheuchst, schiebst, schiedst, schindest, schläfst, schlafwandelst, schlägst, schleichst, schleifst, schlenkerst, schlingerst, schlotterst, schluckst, schlummerst, schlüpfst, schlupfst, schlurfst, schmeckst, schmeichelst, schmerzt, schmierst, schmückst, schmust, schnaubst, schneidest, schnellst, schniefst, schnüffelst, schockierst, schollst, schnackelst, schnarchst, schneidest, schneist, schniefst, schnippselst, schrammst, schreckst, schreibst, schubst, schüttelst, schuldest, schulst, schnupfst, schwächelst, schwächst, schwängerst, schweigst, schwebst, schwindest, schwimmst, schwindelst, schwingst, schwitzt, segelst, sendest, senkst, sensibilisierst, siehst, singst, sinkst, sitzt, smst, sondierst, soufflierst, spaltest, sparst, speist, spiegelst, spielst, spitzt, sprichst, spürst, spurst, sputest, sprengst, sprichst, springst, spritzt, sprudelst, steigst, stenzt, steuerst, stielst, stillst, stöberst, stöhnst, störst, stößt, stimmst, stinkst, stolzierst, strafst, strahlst, strauchelst, sträubst, strehlst, streichelst, streichst, streifst, streitest, streunst, stümperst, strafst, suchst, sudelst, summst, symbolisierst, tanzt, taugst, tauschst, täuschst, tingelst, tippst, titschst, tobst, tönst, tourst, trainierst, tranchierst, tratschst, träumst, traumatisiest, treibst, trennst, triefst, triffst, tritschelst, triumphierst, trompetest, tröpfelst, tropfst, tröstest, trottelst, trottest, trotzt, trügst, trudelst, trumpfst, turnst, turtelst, überwindest, überfliegst, überholst, übermannst, übermittelst, überraschst, überschreitest, übst, untergräbst, unterhältst, untermauerst, veränderst, verängstigst, verarschst, verbindest, verblödest, verbrüderst, verdrießt, vereinigst, vereitelst, verjüngst, verlautbarst, verschweigst, verschwindest, verdirbst, verdrehst, vereinigst, verfehlst, verfolgst, verführst, vergeigst, vergibst, vergisst, vergrämst, vergraulst, verheimlichst, verhinderst, verholperst, verhöhnst, verhungerst, verhütest, verhunzt, verjüngst, verkantest, verkümmerst, verkrümelst, verlautbarst, ver-

letzt, verlierst, verlockst, vermeidest, vermittelst, verrätst, verrückst, versammelst, versagst, versaust, verschiebst, verschwammst, verschwindest, verselbständigst, versemmelst, versendest, versinkst, versöhnst, versprichst, verspringst, verspringerst, verunglimpfst, verunglückst, verübelst, verurteilst, verunsicherst, verfolgst, verwackelst, verwandelst, verwechselst, verweigerst, verwindest, verwundest, verwunderst, verwünschst, verzauberst, verzweifelst, vibrierst, vollbringst, völlerst, waberst, wackelst, wägst, wählst, wärmst, wässerst, warnst, wanderst, wandelst, wartest, wechselst, weckst, weichst, weist, weißt, weltmeisterst, wendest, wetteiferst, wettest, widerlegst, widersprichst, wiegst, willst, wimmerst, windest, winselst, wirbst, witterst, wonnigst, wühlst, wunderst, wurschtelst, wutschelst, wütest, zahlst, zählst, zankst, zaratest, zauderst, zerlegst, zentimeterst, zerstäubst, zickst, ziehst, zinezidanest, zitterst, zockst, zögerst, zollst, zottelst, zuckelst, zuckst, zügelst, zündest, züngelst, zweifelst, zwickst, zwingst, zwirbelst, zwitscherst.

Du, Ball, unser Freund und unser Gegner, unsere Liebe und unser Hass, unsere Hoffnung und unsere Enttäuschung, unsere Wut und unser Trost, unser Opfer, unser Teil, unsere Blume, unser Glück, unsere Schöne, unser Sender und Empfänger, ja wir nehmen dich ernst, denn anders haben wir überhaupt keine Chance. Du Ei, du Hund, du Ding, du Pille, du Flasche, du Falscher, du Dicke, du Depp, du Mistkerl, du Größte, du Verräter, du Schönste, du Fette, du Doldi, du Hund, du Dicker, du Kastrierter, du Geliebte, du Verehrte, du Angehimmelte, du Eckiger, du

Runder, du Kugeliger, du Mächtiger, du Entscheider, du Chef, du Häuptling, du König.

Am stärksten aber macht dich das, was du nicht hast, es macht dich so großartig einzigartig: Du hast keinen Geheimvertrag, weißt nicht einmal, was das ist. Du hast auch keinen Vorvertrag, keinen Schweigevertrag, keine Option, keinen geheimen Berater oder Werbevertrag. Vor allem aber hast du keinen ausgefüllten Wettschein. Noch beglückender aber ist, was du alles nicht machst, vermutlich, weil du es nicht kannst: Du bestichst nicht, du lügst nicht, du kaufst und du bezahlst nicht, und du lässt dich nicht bezahlen. Du manipulierst nicht und du fragst nicht, überträgst nicht, interviewst nicht, cuttest nicht, mischst nicht, versprichst, bereicherst und schminkst nicht, verschießt nicht, vergisst nicht, bezahlst nicht, dopst nicht, betrügst nicht, sperrst nicht, schneidest nicht und mobbst nicht, wettest nicht, verübelst nicht, trainierst nicht, politisierst nicht, intrigierst nicht, verheimlichst nicht und nichts. Du investierst nicht. Du verkaufst nicht. Du versicherst nicht, verkabelst nicht, versetzt und trittst nicht. Du triffst nicht, tunnelst nicht, annoncierst nicht, schmatzt nicht, ferkelst nicht, urinierst auch nicht. Du spuckst nicht, kotzt nicht, krawallst nicht, hoolst nicht, unterschreibst nicht, zerreißt nicht, trinkst nicht, rauchst nicht, hurst nicht, rudelst nicht, massierst nicht, verbindest nicht. Vor allem verpfeifst du kein Spiel – du nicht!

Danke, Ball. Du spekulierst nicht, du spazierst nicht, nein, du verschleppst auch nicht. Du verschweigst nicht. Du unterdrückst nicht. Ball verzögert nicht, verzettelt nicht, zerrt nicht, verpasst nicht, sündigt nicht, zögert nicht und klaut schon gar nicht. Unser Ball versteckt nicht und nichts, verhütet nicht, nein, er unterdrückt auch nicht. Der Ball. Unser Held. Wichtiger als jeder Spieler je war und je sein wird. Der wahrhaft wichtigste Spieler immer und überall, noch wichtiger als jeder Elfmeterpfeifer und

Abseitsschenker: der Ball. Du, Ball, wechselst nicht, verwechselst nichts, verbrichst nichts, du schweigst auch nicht. Dir ist es, anders als gemeinhin angenommen, alles andere als egal, wer dich tritt und wer dich trifft. Also, rede bitte, Ball.

München

Es ist die Stadt meiner Kindheit und meiner Jugend. Und auch die Stadt meiner ersten intensiven Begegnungen mit dem Fußball. In München kassierte ich die erste kräftige »Watschen«. Das war im Jahr 1950. Einer meiner neuen Freunde aus der Augustenstraße fragte mich, ob ich überhaupt wisse, welches der beste Fußballverein sei. Ich hatte ihm gerade vom 1. FC Traunstein vorgeschwärmt. Denn ich war neu in München und kannte keinen anderen Verein. Als ich auf seine Frage verdutzt schwieg, sagte er im Brustton der Überzeugung: »Traunstein? An Schmarrn! Bayern ist der beste Verein!« Ich lachte ihn aus und sagte ihm, dass er ein Depp sei, schließlich sei Bayern ein Land und kein Verein! Und schon schmierte er mir eine.

Interessanterweise weiß ich noch genau, wo er mir die »Watschen« verpasste. Das war in der Nähe von der Josephskirche und Görresstraße in der Nähe vom alten nördlichen Friedhof, in einer Spielplatzanlage, als wir versuchten ein bisschen Fußball zu spielen. Den FC Bayern sollte ich bald als Fußballverein kennen lernen. Nachdem wir uns wieder ausgesöhnt hatten, erklärte mir mein neuer Freund, wie ich mit der Tram fahren und wo ich umsteigen müsse, um zum FC Bayern zu gelangen. Was ich dann eines Tages auch tat – ganz allein. In späteren Jahren, so etwa ab 1955 fuhr ich dann zumeist mit meinem neuen blauen Rad, Marke »Vaterland«, meinem Konfirmationsgeschenk, den langen Weg bis nach Giesing ins Grünwalder Stadion. Den Weg und die Abkürzungen fände ich heute noch.

Mittlerweile, gut fünfzig Jahre später, weiß ich mehr über Bayern, das Land, und über den FC Bayern, den Verein – wenngleich man beides tatsächlich fast nicht mehr trennen kann. Vielleicht habe ich mich bereits als kleiner Knirps gegen diese Vermischung gewehrt? Trennung von Staat und Fußball …

Abseits

Jemand läuft ins Abseits. Immer jemand anderes, manchmal aber auch immer derselbe. Jemand steht abseits. Halt, nein, er läuft höchstens nicht rechtzeitig raus. Doch wer ist »Inseits«? Gibt es das überhaupt? Ich habe davon zumindest noch nie gehört. Warum aber eigentlich nicht? Das müsste es schon geben. Schließlich gibt es auch ein Abseits. Aber letztlich ist das ganze Abseits (englisch: »offside«) geradezu hirn-abseitig. Und gegen diese absurde bis oft irreguläre und daher hässliche und dumme Regel hilft weder der Pfiff noch die Pille.

Verstehen muss man das Abseits übrigens auch nicht. Vielleicht kann man es gar nicht verstehen, selbst wenn man es begreift. Und noch weniger kann man es sehen. Zumindest nicht immer. Denn das Abseitsstehen, -warten, -lauern, -reinlaufen oder angespielt werden, stellt im Fußball durchaus einen großen Vorteil dar. Hier bedeutet Abseits nächste Nähe zum Tor. Ganz anders als im herkömmlichen Sprachgebrauch oder dem alltäglichen Leben. Wenn Sie im wirklichen Leben abseits sind, weil Sie abseits stehen, sitzen oder liegen bleiben, wird es nicht immer gleichzeitig von 30 000 Zuschauern richtig erkannt – und schon gar nicht abgepfiffen. Aber der Depp sind trotzdem Sie! »Abseits« bedeutet also grundsätzlich eher etwas Schlechtes.

Nur im Fußball kann das Abseits etwas Gutes sein, nämlich ein Vorteil, dann nämlich, wenn, ja wenn es der Schiedsrichter nicht sieht. Dann hat man freie Bahn zum Tor. Nur die Fallensteller von der gegnerischen Mannschaft warten immer noch vergeblich auf die Fahne des Assistenten und gestikulieren gleichermaßen wild wie vergeblich. Meistens schießt man dann relativ unbedrängt und gelassen ein Tor. Wissen Sie jetzt, was Abseits im Fußball bedeutet? Noch nicht? Gut. Denn dann haben Sie schon verstanden, dass man es nicht genau verstehen kann.

»Abseits ist, wenn der Schiedsrichter pfeift«, sagt eine alte Weisheit. Pfeift er aber nicht, dann ist er ein Wicht, möchte ich hinzufügen. Sollte es je ein Fußballspiel ohne eine einzige falsche Abseitsentscheidung gegeben haben, dann habe ich es in meinen annähernd 3000 Spielen als Reporter oder auch privat als Spieler nicht miterleben dürfen. Oft sind aber genau jene falschen Abseitsentscheidungen spielentscheidend. Und sogar mitentscheidend für den Ausgang des Kampfes um die Meisterschaft und den Klassenverbleib. Denn ob sich so etwas immer bis zum Ende der Saison ausgleicht, wie es so schön heißt, wage ich zu bezweifeln.

Deshalb plädiere ich zum wiederholten Mal dafür, eine abseitsfreie Zone zwischen Mittellinie und beiden 16-Meter-Linien zu schaffen. Natürlich könnte es dann sein, dass Spieler wie Ailton, Makaay oder Mintal immer wieder versuchen werden, alleine nach vorne Richtung Strafraum durchzustarten – oder sogar in aller Ruhe irgendwo dort auf den Ball warten. Um ihn dann mit Tempo aufzunehmen und gnadenlos am Tormann vorbei im Tor zu versenken. So gäbe es vielleicht viel mehr Tore – und dazu weniger strittige Situationen. Außerdem wird sich ja wohl zumindest ein Abwehrspieler dieses »abseitigen« Stürmers erbarmen und ihn liebevoll bewachen.

Vielleicht gäbe es nach Abschaffung der Abseitsregel vor der Höhe der 16-Meter-Linie ganz neue Duelle. Oder auch Ablenkungsmanöver, so wie früher der »Schuhbandl-Trick« eines Max Link von den Münchner Löwen. Der tat manchmal so, als ob er sich die Stiefel neu schnüren müsste, kniete kurz scheinbar entsetzt nieder, blieb deshalb unbewacht und schwupps, schon kam der Pass vom Alois Hornauer zum freistehenden Max. Vielleicht wären nette Zwiegespräche zu beobachten, dort im früheren Abseits zwischen Mittellinie und Strafraumhöhe. Solange der Ball nicht da wäre, könnte man sich über die Siegprämie, die Ehefrauen oder auch nur übers Wetter unterhalten. Man mag einwenden, dass es ja ganz anregend ist, über »Abseits« oder »Nicht Abseits« noch nachträglich tagelang zu streiten an den Stammtischen oder am Arbeitsplatz. Zum Streiten bietet unser aller Fußball sicher auch bei auf 16 × 70 Meter (immer noch 1120 qm) minimiertem Abseits immer noch genügend Anlass.

Der Gipfel der Unerträglichkeit ist jedoch das »passive« Abseits: der größte Mist, den man an Regelkunde je erfunden hat. Als ob da immer richtig zu entscheiden wäre, ob sich der Tormann für Bruchteile von Sekunden gedanklich mit dem im passiven Abseits stehenden Spieler beschäftigt hatte oder nicht. Und dadurch in seiner Konzentration gestört worden war oder aber nicht. Dieses passive Abseits ist fatal. Genau das kann nämlich entscheidend dafür sein, dass der Tormann bei der Flanke oder dem Solo nicht entschlossen genug aus dem Tor herausgeht. Weil er darauf hofft, dass der Pfiff kommt. Schließlich steht der Gegner klar im Abseits, auch wenn dieser – zufällig oder absichtlich – den Ball nicht bekommt. Oft wartet man jedoch vergebens auf den Abseitspfiff. Und dann ist die Aufregung groß und berechtigt.

Um es plump zu sagen: Es gibt doch auch nur schwanger oder nicht schwanger. Und so sollte es auch beim Abseits sein: Ja oder nein – eine klare Linie auch in der Entscheidungsfindung. So wie gegen Schwangerschaft außer Enthaltsamkeit fast nur die Pille hilft, so hilft gegen das Abseits meiner Meinung nach nur die ersatzlose Streichung dieser Regel 11. Die da auszugsweise lautet:

Die Abseitsstellung eines Spielers stellt an sich noch keine Regelübertretung dar. Ein Spieler befindet sich in einer Abseitsstellung, wenn er der gegnerischen Torlinie näher ist als der Ball und der vorletzte Abwehrspieler. Ein Spieler wird nur dann für seine Abseitsstellung bestraft, wenn er nach Ansicht des Schiedsrichters zum Zeitpunkt, wenn der Ball einen seiner Mannschaftskollegen berührt oder von einem gespielt wird, aktiv am Spielgeschehen teilnimmt, indem er:
a) ins Spiel eingreift oder
b) einen Gegner beeinflusst oder
c) aus seiner Stellung einen Vorteil zieht.

Allerdings muss man unseren leidgeprüften Pfeifenmännern und -frauen gerade in dieser Frage ein großes Kompliment machen. Dies gebietet die Fairness: Denn es ist höchst bemerkenswert, wie relativ häufig (in etwa siebzig bis neunzig Prozent der Fälle) die Assistenten und Schiedsrichter mit ihren Entscheidungen richtig liegen. Und das, obwohl sie die Entscheidung darüber in Sekundenbruchteilen zu fällen haben, und gerade in der Bundesliga, bei internationalen Spielen der Champions League oder bei Länderspielen unter enormem Druck stehen. Aber es gibt immer Grenzfälle, bei denen man wirklich fast nach Belieben so oder auch anders entscheiden kann. Genau das ist der Knackpunkt.

Denn selbst eine unvermeidbare, vielleicht nur zehnprozentige Fehlerquote beim strafbaren und nicht strafbaren Abseits entscheidet indirekt oft genug über Meisterschaft und über Auf- oder Abstieg, ja sogar Europa- und Weltmeisterschaft. Das räumliche Sehen beginnt bei sechs Metern Abstand. Die Augen müssen nicht mehr konvergieren, die Noniensehschärfe garantiert auf zwei gedachten getrennten Linien (Moment der Ballabgabe einerseits sowie »Höhe« der Startlinie zum Tor andererseits) durchaus das richtige Sehen und Entscheiden. Aber auch die Botenstoffe und Reflexe, die von der Schaltzentrale Hirn aus gesteuert werden, müssen optimal aufeinander abgestimmt sein. Das klappt nicht immer, was sowohl am Tempo des Spiels als auch an der Raffinesse heutiger Spieler liegt – oder einfach an der verstellten Sicht.

Deshalb lautet meine Mindestforderung : Bitte in jedem Fall weg mit dem saublöden passiven Abseits. Solange es diese unsinnige Regel einer reinen Ermessensentscheidung gibt, die ein Einzelner trifft, kann sich's doch jeder Pfiffikus aussuchen, wie es ihm gerade gefällt. Genau das kann doch nicht beabsichtigt sein. Oder etwa doch? Ein furchtbarer Gedanke, denn dann könnte man ja ganz »legal« – und das schon seit langem absichtlich und gleichwohl regelkonform – falsch entscheiden und damit elegant und unerkannt manipulieren. Endgültig verwirrend wird es jedoch, wenn man sich Punkt fünf der DFB-Anweisungen zum Abseits durch den Kopf gehen lässt. Da heißt es: »Der Schiedsrichter-Assistent zeigt nur strafbares Abseits an.« Also kann (und muss auch) der Assistent so entscheiden, wie er persönlich will. Nur muss sich der Schiedsrichter ja nicht immer daran halten.

Meine Hoffnung wächst, dass zumindest das passive Abseits abgeschafft wird. Die FIFA und an ihrer Spitze sogar der doch durchaus wendige Joseph S. Blatter signalisieren in letzter Zeit bereits, dass man darüber nachdenke. Gratulation! Her also mit neuen, klaren und sportlichen Abseits-Regeln ohne passives Abseits.

Ein frecher Brief, zwei herrliche Berufe

Es war ein frecher Brief. Nicht dass Sie jetzt etwa denken, ich sei unbedingt der große Briefeschreiber. Aber vor allem früher habe ich gelegentlich freche Briefe geschrieben. Leserbriefe an Zeitungen, Briefe an die Hersteller von Schlagsahne und sogar mal einen Brief an den Bundeskanzler. Im Fall der Schlagsahne hat sich das gelohnt. Die war nämlich sauer geworden. Und ich bekam dann ein kleines Paket mit süßer Sahne kostenlos an die Haustür gebracht. Und auch in diesem Fall lohnte sich der freche Brief.

Ich schrieb ihn vor unserem Sommerurlaub 1976, der uns an die Ostsee brachte. Es war wenige Tage nach einem Freundschaftsspiel des Clubs gegen Manchester United. Ich wäre beinahe nicht hingegangen, aber meine Tochter überredete mich. Sie wollte nämlich ihre große, von ihr selbst gemalte, englische Flagge im Nürnberger Stadion schwenken. Da konnte ich natürlich nicht mehr nein sagen. Sie war während unseres Jahres in Großbritannien fast eine kleine Engländerin geworden.

Vor Beginn des Spiels verkündete der Stadionsprecher Franz Schäfer die traurige Nachricht, dass der großartige Rundfunkreporter Oskar Klose, der auch viele Spiele des Clubs übertragen hatte, in München gestorben war. Da schaute mich meine damals zehnjährige Tochter an. Auf dem Nachhauseweg meinte sie dann: »Du könntest doch auch einmal Reporter machen.« Aus der kleinen Vorurlaubslaune heraus versprach ich ihr, einen Brief an den Bayerischen Rundfunk zu schicken.

Ich schrieb also an den damaligen Leiter des Sportfunks, Fritz Hausmann: Sinngemäß teilte ich ihm mit, dass ich es besser könne als seine Sportreporter, die ja ohnehin dem Radio untreu würden und zum Fernsehen abwandern. Deshalb, so führte ich ganz unbescheiden aus, dürfe sich Fritz Hausmann gerne bei mir melden, wenn er ernsthaft Interesse habe. Aber bitte nur dann! Ich würde ihm dieses Angebot nicht zweimal machen, so mein reichlich frecher, ja fast schon arroganter Tonfall. Zudem müsse er wissen, dass ich nur dann BR-Reporter werden würde, wenn ich weiterhin meinen »richtigen« Beruf als überzeugter Lehrer voll ausüben könne. Und am liebsten würde ich natürlich nur Spiele in Nürnberg-Fürth übertragen – und das auch nicht jede Woche.

Zu meiner Überraschung hat Hausmann geantwortet und zwar schnell. Einen Tag, nachdem ich den Brief abgeschickt hatte, fuhren wir in den Urlaub. Ich rechnete nicht damit, dass der Bayerische Rundfunk überhaupt reagieren würde. Wir ließen damals unsere Post an den Urlaubsort Golsmaas nachkommen. Und da war eines Tages der Brief: Ja, man sei durchaus interessiert, und ich sollte doch einmal beweisen, dass ich es besser könne. Und dass sie mir gerne die Gelegenheit zu einer Probereportage geben würden. Ich sollte mich so schnell wie möglich telefonisch melden. Was ich natürlich sofort tat. Ein Herr namens Franz Muxeneder – er sollte später einmal der Nachfolger von Fritz Hausmann und dann mein Chef werden – sagte in jovialem österreichischem Deutsch: »Ja, dann melden Sie sich halt, wenn Sie wieder da sind.«

So bekam ich im September 1976 die Gelegenheit, eine fünfzehnminütige Probereportage vom Spiel Spielvereinigung Fürth gegen FC Bayern Hof im Fürther Ronhof zu machen. Ich saß direkt am Spielfeldrand und durfte ein wunderbares Freistoßtor von Heinlein sozusagen live, zumindest für das BR-Funkhaus in München hörbar, kommentieren. Das hat großen Spaß gemacht. Sofort reagierte der Bayerische Rundfunk. Man teilte mir mit, dass das schon was mit uns werden könne, aber ich sollte weitere Probereportagen liefern.

Was ich dann auch tat. Aus Nürnberg, aus Fürth und sogar aus Hof. Und immer lautete die Antwort des mich betreuenden Vertreters von Fritz Hausmann, von Hans Albert Kraeft: »Ja, ja, das ist schon erstaunlich gut, aber …« Hausmann sagte sogar mal: »Sie können ein ganz Großer werden, aber es werden sich auch einige an Ihnen reiben, Sie haben so einen ganz neuen, und noch dazu auch noch akademischen, literarischen Stil.«

Mittlerweile war es März geworden und ein halbes Jahr vergangen. Schließlich riss mir der Geduldsfaden. Anlässlich einer Klassenfahrt nach München schaute ich kurz beim BR vorbei, fragte nach der Sportredaktion und setzte Fritz Hausmann sozusagen die Pistole auf die Brust. Ich sagte ihm, dass es mir nun reiche mit den Probereportagen und den Vorschusslorbeeren. Jetzt solle er mich endlich einsetzen! Redakteur Heribert Lechner, mein einziger späterer Förderer neben Fritz Hausmann und nach dem Tod von Hans Albert Kraeft hatte mir bei der Verabschiedung aus der Sportredaktion noch lange und intensiv in die Augen geschaut.

Am darauf folgenden Sonntag durfte ich dann ins kalte Wasser springen ... Ein derartiger Quereinstieg ohne Beziehungen jedweder Art (noch dazu in Bayern!) und nur aufgrund eines reichlich überheblichen Briefes ist heute undenkbar. Dazu gibt es inzwischen in den öffentlich-rechtlichen Funkhäusern zu viele, über Jahre gestrickte Seilschaften. Außerdem kannte ich Fritz Hausmann tatsächlich bereits flüchtig. Ich hatte ihn schon 1966 bei einer PR-Veranstaltung des Hörfunks des Bayerischen Rundfunks kennen gelernt. Dort konnte man bei einem Reporterspiel mitmachen. Bei jener Veranstaltung war ich Hausmann bereits aufgefallen, und wir sprachen kurz miteinander.

Aber da ich mich zu dem Zeitpunkt noch mitten in der zweiten Phase meiner Lehrerausbildung in Nürnberg-Erlenstegen am Grimm-Schulhaus befand, sagte ich, dass ich zunächst mein zweites Staatsexamen für das Lehramt an Grund- und Hauptschulen machen wollte, um mich danach wieder zu melden. Was ich dann aber aus verschiedenen Gründen nicht tat. Nach einem Schuljahr als so genannter Assistant Teacher an einem englischen Gymnasium in London sowie einem Zweitstudium musste also erst dieses Freundschaftsspiel in Nürnberg und mit ihm die Idee meiner Tochter kommen, bevor ich den Faden wieder aufnahm.

Nach einer relativ kurzen Zeit wurde aus meiner Reportertätigkeit ab 1977 fast so etwas wie eine professionelle Sucht. Das hatte ich nicht erwartet. Jede Woche schickte man mich zu allen möglichen und »unmöglichen« Sportarten, wie Bogenschießen, Wasserball, Fechten, Eisschnelllauf oder Kajak-Slalom, Ringen griechisch-römisch und Freistil, die ich bis dato nur vom Hörensagen kannte. Aber was es heißt, sich gut vorzubereiten, hatte ich ja als Lehrer ausgiebig in mittlerweile fast 15 Jahren Praxis gelernt.

Im Jahre 1982, mittlerweile war ich nach externem und vom bayerischen Staat finanziertem Zweitstudium Studienrat für Deutsch, Englisch und evangelische Religionslehre an der Staatlichen Realschule in Nürnberg, stellte ich beim Kultusministerium in München den Antrag auf Genehmigung einer Teilzeitbeschäftigung. Und das kam so: Der 1. FC Nürnberg hatte am 1. Mai 1982 in Frankfurt ein denkwürdiges Pokalendspiel gegen Bayern München absolviert. Zur Pause führte der Club mit 2:0 durch Tore von Hintermaier und Dressel. In der zweiten Halbzeit drehten die Bayern das Spiel jedoch, und Nürnberg verlor höchst unglücklich mit 2:4. (Für München schossen Rummenigge, Kraus, Breitner und Dieter Hoeneß die Tore.) Die neunzigminütige Vollreportage lieferten der Münchner Gerd Rubenbauer und der Nürnberger Günther Koch. Leider kam es danach übrigens nie wieder zu diesem Reporter-Doppel.

Trotz der Club-Niederlage hatte ich die berechtigte Hoffnung, dass der 1. FCN ab Herbst 1982 im Europapokal der Pokalsieger spielen würde. Würden die Bayern nämlich im Pokal der Landesmeister gewinnen, dann würden sie natürlich wieder bei den Landesmeistern antreten – und Nürnberg würde als unterlegener Pokalfinalist in den europäischen Wettbewerb der Pokalsieger nachrücken. Und das wollte ich als Reporter in jedem Fall miterleben. Aber ausgerechnet in diesem Jahr verlor der FC Bayern am 26. Mai in Rotterdam erstmals ein Endspiel im Pokal der Landesmeister – und zwar gegen Aston Villa unglücklich mit 0:1.

Dennoch hielt ich meinen Antrag auf Teilzeit aufrecht, was damals zumindest für eine männliche Lehrkraft ziemlich ungewöhnlich war. Zu dieser Entscheidung trug aber nicht nur der 1. FC Nürnberg bei. Der von mir hoch geschätzte Professor Hans Maier, damals CSU-Kultusminister, warb seinerzeit dafür, dass sich

Lehrer um Teilzeitbeschäftigungen bemühen sollten, um dadurch mehr Planstellen für andere Lehrer zu schaffen. Das leuchtete mir auch politisch ein. Außerdem kostete die Schularbeit viel Kraft, so dass eine Reduzierung meiner Wochenstundenzahl auf etwa die Hälfte durchaus sinnvoll war. Meine berufliche Zweigleisigkeit entwickelte sich bis zum Beginn meiner Freistellungsphase als Seminarrektor für Pädagogik im August 2003 zu einer anstrengenden, aber erfüllenden Tätigkeit. Dies verdanke ich vor allem meiner großartigen Frau, aber auch unseren Kindern, sowie nicht zuletzt allen meinen Kolleginnen und Kollegen und ganz besonders allen meinen Schulleitern von 1977 bis 2003. Vielen Dank nochmals.

Flash im Bett

Es wird immer schlimmer mit mir. Eigentlich sollte ich im Alter ruhiger und gelassener werden – und vor allem ruhig schlafen können. Wenigstens vor den Spielen. Doch am 5. Februar 2005, einem Samstagmorgen, träume ich, dass ich dringend einen Halbzeit-Flash zum Spiel 1860 München gegen FC Erzgebirge Aue absetzen muss.[7] Dieser Flash wäre schon vor zwei Minuten fällig gewesen. Auf dem Monitor sehe ich gerade noch mal, wie der Ball zum 1:0 für die Löwen flach links unten ins Tor kullert. Vor mir sitzt der Kollege Pull, deutet auf seinen Monitor und wirft mir fragende Blicke zu. Ob der Ball denn überhaupt drin gewesen ist, so richtig und vollständig? Da wache ich auf.

Langsam komm ich zu mir. Ich bin heilfroh, nichts übersehen oder verpasst zu haben. Doch sofort geht es wieder los: Mir fällt ein, dass 1860 erst morgen spielt und auch nicht in Aue, son-

dern in Trier. Die Greuther Fürther spielen in Aue, und ich bin heute Nachmittag beim Club. Die spielen gegen den HSV. Ob die heute nach zwölf Jahren mal wieder gegen die Hanseaten gewinnen? Dieter Eckstein hatte anno 1993 das 1:0 geschossen. An der Zeit wäre es eigentlich.

Draußen ist klarer Himmel, und es ist kalt. Minus fünf Grad. Anfang Februar 2005. Da es erst halb neun ist, und heute meine Frau die Mohn-Sesam-Zöpfe vom Bäcker am Langwasser See holt, mache ich mich auf zum Joggen. Vielleicht hilft es dem Club, wenn ich meine drei Kilometer in der alten FCN-Trainingshose durch den Wald spurte. Ja, in Bestzeit. Es klappt. Wenn das nicht ein gutes Omen ist für den Nachmittag! Denke ich. Falsch gedacht. Der Club verliert wieder und hat nach zehn Heimspielen erst zweimal gewonnen. Am Ende der Saison werden es lediglich vier Heimsiege aus siebzehn Spielen im Frankenstadion sein. Mager, mager, lieber Mager-Club –

Frauen und Fußball

Gerne gebe ich zu, dass ich mich in den Frauen getäuscht habe. Das meine ich in diesem Zusammenhang natürlich ausschließlich hinsichtlich des Fußballs. Denn lange stand ich dem Frauenfußball eher skeptisch gegenüber. Aber als mir bei einer Abschlussfahrt zwei Mädchen zeigten, wo es fußballerisch langgeht – wie man in die Zweikämpfe geht, aber auch wie man den Ball technisch einwandfrei spielt –, begann mein Weltbild erstmals gehörig zu wanken.

Lernfähig wie ich bin, vermittelte ich eine von ihnen in einen gut geführten Damen-Fußballverein. Später schaute ich mir ein Punktspiel in Stein-Deutenbach an und schon war ich schwer beeindruckt. Grenzenlos begeistert bin ich schließlich, seit ich im Frühjahr 2004 das Frauen-Länderspiel Deutschland gegen China für das ARD-Radio übertragen durfte. Was ich da gesehen habe, war vom Allerfeinsten – und vor allem viel fairer als bei Männern. Das muss mal so deutlich gesagt werden. Genau das bestätigten die deutschen Frauen um Birgit Prinz, Renate Lingor und Steffi Jones als Europameister 2005. Hier wird bei Schiedsrichterentscheidungen weder rumgemeckert noch Theater gespielt. Die Männer sollten sich daran ein Beispiel nehmen.

Aus Hochachtung vor dem Frauenfußball generell und stellvertretend für alle Mädchen (auch meine Zwillings-Enkelinnen spielen mittlerweile an ihrer Gesamtschule in einer Mädchen-Fußballmannschaft) seien hier die Namen jener Chinesinnen genannt, die damals im Fürther Playmobilstadion den Weltmeister Deutschland sportlich und athletisch an die Wand spielten. Im Tor: Chen, Tschen; in der Abwehr: Liee, Tjär und Fan, Yün-Tjär (bedeutet so viel wie »glühende Heldin«); im Mittelfeld: Wan, Liping/Puu, Wie/Ren, Lieping und Tschang, Inn; im Sturm: Tschang, Ouing/Tang, Wei/Bai, Lie Lie und Tschuu, Fhey-Fhey.

Fußball ist ein Volkssport. Darauf ein Monopol für die Männer zu beantragen, wäre unmännlich, unsportlich und töricht. Und da hätten die Frauen dann aber wirklich was in der Hand – gegen uns Männer.

Austreten verboten

Haben es die Spieler gut. Die können zumindest während der Halbzeit ihren dringendsten Bedürfnissen freien Lauf lassen. Auch wenn die Halbzeitpause vor allem der Mannschaft nicht bekommt, bei der es gerade so richtig »läuft«. Nun müssen sie nämlich herumsitzen, der Puls geht herunter, und der Körper stellt auf Ruhe um – einen Vorteil gegenüber uns Reportern haben sie: Sie können ganz in Ruhe und ohne Gedränge aufs stille Örtchen gehen.

Ein Grund, die Profis zu beneiden? Das klingt jetzt zugegebenermaßen reichlich banal. Aber ein Radioreporter, der meistens draußen sitzt – egal, ob es kalt oder brüllend heiß ist –, hat natürlich auch mal kräftig Durst, vor allem, wenn er zwischen 26 und 34 Einblendungen von je 45 bis maximal 150 Sekunden hat – pro Spiel versteht sich. Oder wenn er zusammen mit einem Kollegen ein ganzes Spiel von mindestens 90 Minuten oder gar 120 Minuten plus Elfmeterschießen (wie das Champions League-Finale 2001 in Mailand) live kommentiert – oder vielleicht sogar ganz allein (das durfte ich einmal bei einem Länderspiel als Internet-Reporter für www.dfb.de). Dann kann er es sich nämlich beim besten Willen nicht leisten, irgendwann auf den Ort der Orte zu müssen.

Trotzdem muss der Reporter natürlich während der Reportage etwas trinken: Nicht immer ist es so köstlicher Apfeltee wie in Istanbul. Aber austreten darf er nie, selbst wenn es in erreichbarer Nähe ein entsprechendes Örtchen gäbe – was sowieso so gut wie nie der Fall ist – er hätte nicht die Zeit dazu. Und selbst, wenn er Sprinter- und Nahkampfqualitäten hätte, um an eine Toilette zu gelangen: Dort steht dann mit Sicherheit eine lange Warteschlange. Und ein Blaulicht für harngedrängte Reporter gibt es leider noch nicht. Und den Wartenden erklären, dass man in 120 Sekunden zum nächsten Halbzeit-Flash, einem Nachrichten-Flash oder dem nächsten Schneidekommando zurück sein muss? Bis dahin wäre es schon zu spät.

Was den Blutkreislauf der Spieler anbetrifft, wäre es sicher gut, wenn sich beide Mannschaften vor Beginn der zweiten Spielhälfte wieder warmlaufen und einschießen könnten. Dass darauf noch niemand gekommen ist, wundert mich. Bisher machen das ja nur die Einwechselspieler, wenn überhaupt. Die Zuschauer hätten sicher nichts dagegen. Denn ein zweites kurzes, dafür aber intensives Warmlaufen noch während der Halbzeit wäre besser als so manches, mit dem die Zuschauer gegenwärtig während der Pause zugedröhnt werden. Die viel zitierte »Kabinenpredigt« des Trainers sowie kurze Behandlungen könnten dessen ungeachtet ja in den ersten sieben bis zehn Minuten trotzdem stattfinden.

Auf diese Idee brachte mich unlängst nach unserem montäglichen Presse-Kick unser Betreuer und »Trainer« Heinz Elzner, der ehemalige Hofer, Bayreuther, Fürther und Nürnberger Coach und frühere Hannoveraner Meisterspieler. Elzner bemerkte, es käme nicht von ungefähr, dass viele Mannschaften nach der Ruhepause fast eine Viertelstunde brauchen, bis sie wieder »voll« da sind. Mit einer zusätzlichen Aufwärmphase würde sich das vielleicht bessern – und es ginge dann gleich nach der Pause wieder so richtig mit Volldampf weiter. Statistisch gesehen fallen zwar auch in der ersten Viertelstunde nach der Halbzeit genau so viele Tore wie während des gesamten Spiels – ausgenommen die 45. und vor allem die 90. Minute. Aber das Spiel verläuft nach der Pause oft genug reichlich schleppend. Bis die Akteure dann ab der 60. Minute in Fahrt kommen, weil die Muskeln wieder richtig durchblutet sind. Bis dahin hat dann aber etwa der FC Liverpool im Champions League-Finale 2005, vielleicht auch deshalb, weil sie sich in der Pause noch mal richtig warm gemacht haben, gegen Berlusconis AC Milan durch Gerrard, Smicer und Alonso aus dem 0:3 ein wunderbares 3:3 gemacht. Alle Tore fielen in der ersten Viertelstunde nach Wiederanpfiff.

Freiheiten des Radioreporters

Die Fußballspieler von heute haben längst nicht mehr solche Freiheiten wie früher. Alle sind eingebunden in ein taktisches Konzept. Sie müssen sich innerhalb eines ganz bestimmten Raums bewegen. »Verschieben« ist hier das taktische Zauberwort. Fast alle ballnahen Spieler bewegen sich dann nur noch in jenem Viertel des Spielfeldes, in dem sich der Ball gerade befindet. Der Raum wird dadurch enger. Das macht den Fußball-Wettkampf als solchen deutlich schneller – auch für den beobachtenden Reporter.

Die Freiheit des Radioreporters ist grenzenlos, die Schwierigkeiten sind es aber auch. In jeder Sekunde muss er sich zwischen zig Möglichkeiten entscheiden. Über was soll er nun berichten: die aktuelle Spielsituation, die vergangene Spielentwicklung, die Taktik, die besten Spieler, die Torschützen, die Statistik, die taktischen Varianten, die Chancenverteilung und so weiter. Er muss diese Entscheidung in Sekundenschnelle treffen. Und er muss jederzeit in der Lage sein, sie zu revidieren – ohne dass die Stimme kippt, aber gelegentlich mit einer Variation im Tempo oder in der Sprache.

Es ist und bleibt eine große Kunst, dies immer selbst und sofort entscheiden zu können. Am Ball bleiben oder auch einmal eine kleine Geschichte einflechten, den Spannungsbogen aufbauen, dramaturgische Zusatzeffekte oder Pausen einbauen. (Die natürlich nicht immer von allen Menschen verstanden werden. Häufig übrigens gerade von jenen nicht, die mit Stoppuhr und gespitztem Bleistift bewaffnet in den Sesseln warmer Redaktionsbüros am Schreibtisch sitzen, um die Fehler der Reporter zu suchen und zu finden. Oft genug, ohne selbst jemals Fußball gespielt oder ein Spiel live übertragen zu haben. Nur gut, dass es immer noch viele mündige Hörer und vor allem unabhängige Publikationen aller Art gibt, die ein offenes, objektives Ohr für gute Radioreportagen haben. Und an deren unparteiischem, sachverständigen Urteil die kleinen Senderkönige und -königinnen zu deren Bedauern eben doch nicht immer ganz vorbei können.)

Der TV-Kommentator deutscher Prägung hat längst nicht diese Freiheit. Er hat es in gewisser Hinsicht gleichzeitig leichter und schwerer. Denn er muss viel weniger frei und flüssig reden können. Wenn er denn mit der nötigen Persönlichkeitsstruktur gesegnet ist, gelingt es ihm sogar oft, den Mund zu halten. Und das ist gut so. Leider beherzigen das viele Kommentatoren nicht. Sie beginnen zu schwafeln oder Statistiken abzulesen. Aber es gibt auch in Deutschland gute bis hervorragende Fernsehkommentatoren. Sie verfügen über jene wichtige Fähigkeit, das Bild stehen zu lassen, das Bild zum Mittelpunkt zu machen, und die Würde des Bildes nicht zu zerquatschen. Sie sagen nur selten etwas, aber wenn, dann ist es anregend und blitzgescheit. Das beste Beispiel hierfür ist Marcel Reif.

Ball, rede endlich!

Rede Ball, rede endlich, ja mach endlich deinen Mund auf. Doch warum auch nicht? Oft genug haben wir alle über dich geredet. Genug geredet. Mit dir geredet. Wegen dir geredet. Von dir geredet. Über dich geredet. Auch wegen dir nicht mehr geredet. Nicht mehr miteinander geredet. Dann aber doch wieder geredet. Übereinander und gegeneinander geredet. Nicht mehr geredet, überhaupt nicht mehr geredet. Doch wieder geredet. Noch einmal geredet. Dagegen geredet. Unsinn geredet. Während des Spiels geredet. Über dich geredet. Laut. Ganz laut. Auch einmal leise. Immer nur wegen dir. Wegen dir geredet. Doch du hast nur gelacht. Wiederholt gelacht, vor allem, als der Strafstoß wiederholt wurde und du einfach liegen geblieben bist. Gegen Bürstadt damals. Da war es. Oder war es der FK Pirmasens, oder Völklingen oder der FC Bayern München oder der FC Alte Heide oder die Freie Turnerschaft Gern – wer auch immer.

Jetzt musst du, Ball, endlich reden. Ball, Ball, du balliger, bremsiger, blöder Ball. Du verballhornst uns nicht länger. Gehört hast du alles, alles. Alles das, was keiner hören durfte, kein Hörer, kein Höherer, kein Richter, kein schiedsrichtiger Richter, kein richtiger Schiedser oder angeblicher Unparteiischer. Aber du hast es gehört, ja du hast es gehört. Vor allem auch all das, was sich nicht gehört. Hörst du endlich auf zu schweigen? Oder ich trete dich! Ich trete dich heute noch! Am besten jetzt gleich. Rede, Ball, sonst wirst du weiterhin, fürderhin wütend, blöd und tumb getreten werden. Auch von kriminellen und verkauften Söldnern und armseligen Stars, die nichts können außer treten. Du unredseliger, viel getretener und besungener, beredter, kugeliger und nie rund gewesener einzig Unbestechlicher. Oder etwa auch du?

Wo warst du neulich, als wir wieder wegen dir, nur wegen dir verloren? Gestern noch springst du einfach über mich ins Tor. Ja, bist du denn verrückt? Wen magst du, was kannst du, wen willst du, zu wem hältst du, zu wem fliegst du das nächste Mal, wenn du abgefälscht oder abgeprallt daherkommst? Du unberechenbarer und hinterhältiger Geselle und Genosse fast all unserer Lust und Pein! Was willst du, und was verschweigst du armer, feiger, geliebter und gehasster, gejagter und gehegter Ball?

»Leo« rufen wir, wenn wir dich lassen sollen. »Leo«, das heißt nicht mehr und nicht weniger als »mein Ball«. »Lass ihn«, heißt das. Aber genau das ist ja verboten, weil es den Gegner irritieren kann. Jetzt dürfen wir schon nicht mal mehr auf bayrisch »Hoyzer« rufen, weil dann der werte Herr Schiedsrichter sich angesprochen und beleidigt fühlt und nicht der holzende Gegner. Zustände sind das in unserer Bananenrepublik – schlimmer noch als im alten Rom. Wenn du endlich sprichst, du Blume, die nie verblüht, du Liebe, die trotz aller Schmerzen nie vergeht. Auch nicht trotz allen Hasses, vor allem immer dann, wenn wir glauben wegen dir zu verlieren. Auch wenn heute oder morgen alle Tore geschossen und geschlossen sind. Rede doch endlich, Ball. Egal, wo du gerade bist, und wo du dich von deinem flüchtigen Lotterleben als Getretener und Geschundener und oft Ausgewechselter ausruhst und auf die nächsten Tritte wartest.

Bitte sprich dich endlich aus. Erzähle deine Geschichten, deine unglaublichen, einmaligen, vorher nie da gewesenen Geschichten. Für uns, die Ball-Verrückten. Verrückter kann man gar nicht sein, als wir es nur wegen dir sind. Verrücktsein ist überhaupt nicht verrückt, sondern geradezu gesund, wenn du zu uns sprichst, uns zusprichst, zu uns rollst, uns vor die Füße fällst oder auf den Kopf. Das ist schön. Das ist ansprechende Ballsprache. Ja, du hast uns im wahrsten Sinne des Wortes verrückt, immer wieder neu in den

Himmel und in den Abgrund gezerrt, und alles ging immer blitzschnell, in Sekundenbruchteilen.

Wir sind getaumelt, weil getroffen und betroffen von dir. Wir sind dennoch immer wieder aufgestanden und haben es erneut mit dir versucht.

Mit Liebe und Geduld, mitunter sicher auch mit Wut und Leidenschaft. Dann ging es manchmal besser mit dir. Aber geredet, so richtig geredet mit uns, das hast du bis heute noch nicht. Noch nie. Sei bitte wenigstens ein einziges Mal nicht der Hör-Ball, sondern der Sprech-Ball. Hören, ja hören konntest du uns, musstest du uns immer, aber auch wir konnten dich und können dich hören, und zwar so gut wie immer: surrend, dumpf oder hallig, hell oder dunkel, ploppend, klingend, krachend, melodisch, glitschig fauchend, klebrig keifend, drohend klirrend, pfeifend. Genauso wie heiser krächzend, wie quellig sprudelnd, matt wie vollmundig, vollballig. Ja! Aber gesprochen, gesprochen hast du bis heute nie.

Dein Lächeln, nicht selten höhnisch, oft aber satt und zufrieden, Beifall heischend – das kennen wir. Schlimm war es immer nur dann, wenn der Beifall beifällig und scheinbar beiläufig von der falschen Seite kam. Dann hätten wir dich verfluchen, zerstückeln, aufschneiden, verbrennen, fressen, verjagen, entsorgen können. Wenn wir nur gekonnt hätten. Konnten wir aber nicht. Wollten wir nicht einmal, denn wir glaubten ja, dass alles nur ein Versehen deinerseits gewesen sei und dass du gar nichts dafür konntest, sondern dass wir Rumpelfüßler schuld gewesen seien. Weil es uns an individueller Technik und richtiger Ballbehandlung oder dem richtigen Stellungsspiel und den richtigen Laufwegen gefehlt habe.

War aber wohl nicht so. Du warst schuld, du wolltest nicht so, wie wir wollten. Du hast dich verkleidet in immer neue Gewänder wie eine verführerische Frau. Du hast dich wieder und wieder verkauft. Und wir Deppen sind dir Rattenfänger von Ballen dennoch wieder und immer wieder hinterhergejagt. Das war schon lange vor uns so, und das wird noch lange nach uns genauso sein. Verballt noch mal. Ballen könnten wir die müden Fäuste wie sonst keiner außer Kahn. Allein, wenn wir dich sehen oder nur an dich denken.

Wie oft hast du uns belogen, betrogen, bist an uns vorbeigeflogen, liegen geblieben, hast dich den anderen billigst vor die Füße gelegt? Und bist immer dann, wenn es brenzlig wurde, wie eine läufige Hündin dem anderen, diesem Deppen gottergeben auf den Spann gefallen? Du billiger Ball, für den wir so viel und immer mehr zahlen mussten und noch müssen. Mein erster Ball war übrigens aus Blech und von den Amis in Traunstein. Eine Colabüchse. Später dann ein Stoffknäuel, dann irgendwann ein richtiger Lederball. Ich rieche ihn heute noch und würde ihn sofort wiedererkennen. Aber irgendwann in den fünfziger Jahren in München-Schwabing zerfiel er in seine Einzelteile. Manchmal sehe ich noch so alte Bälle, aber meiner, aus meiner Fußballkindheit ist nicht dabei, leider.

Mach also endlich einmal deinen Mund auf, alter Lederlümmel und rede. Erzähle deine Geschichte, alter, neuer Ball. Was? Du kannst nicht? Dass ich nicht lache. Du kannst alles. Du verzauberst, du erniedrigst, du überraschst. Du erfreust. Das Ganze innerhalb von Sekunden, manchmal innerhalb einer einzigen Sekunde. Erst vorbei, dann doch drin. Erst drin, dann doch nicht drin. »Der ist doch drin, der war doch drin!«, schrie ich live 1997 beim »Endspiel« um die deutsche Meisterschaft zwischen dem FC Bayern München und dem VfB Stuttgart. Dann viele Sekunden später hat's auch der Schiri geglaubt.

Oder an gleicher Stelle, am gleichen Tor vor der Nordkurve

im Olympiastadion München, drei Jahre früher, nur viel tiefer und vor allem deutlich neben dem Tor. »Der war doch nicht drin, der war doch daneben.« Der bedauernswerte Schiedsrichter und ein glatt gebügelter Profi des FC Bayern mit einem NRW-Billig-Abitur (in Bayern mitunter nicht rechtswirksam) glaubten oder wollten uns glauben machen, du wärst drin gewesen. Und du Ball, du verballter, ballhorniger, verballedeiter, bitter balliger Derbleckerball, Drecksball hast einfach geschwiegen. Hast alles geschehen lassen und dich doch tatsächlich auf den Anstoßpunkt in der Mitte tragen und dann legen lassen.

Manchmal und viel zu oft hast du gelacht, weitergespielt und nichts gesagt. Pfui, Ball! Dann 1999 in Barcelona, das Champions League-Endspiel Bayern München gegen Manchester United. Meinst, die Latte oder der Pfosten gefallen dir besser als das Netz und landest einfach dort statt im Tor, wo du eigentlich hingehörtest. Auch wenn bei ManU Keane und Scholes nicht spielen durften und an allen Ecken und Enden fehlten. Wer hat denn dir, Ball, bitte gesagt, dass ausgerechnet du das ausgleichen und einfach spielentscheidend mitspielen sollst?

Scholl und Jancker und Hitzfeld und der FC Bayern München sind plötzlich wegen deiner Launen in der 91. und 92. Minute für immer die Dummen. Dein Klirren am Aluminium rüttelte nicht nur Manchester Uniteds Tormann Schmeichel wach, sondern die gesamte englische Mannschaft. Plötzlich rennen alle nach vorne, bringen Kahn, Kuffour und die eingewechselten Fink und Salihamidzic dermaßen durcheinander, dass du einfach innerhalb von zwei Minuten das Spiel kippst.

Ja, was sollen denn mein erschöpfter Kollege neben mir und ich da bitte meinen Radiohörern sagen? Was sollen vor allem die Kollegen schreiben, die ihre Endspielgeschichte mit dem grandiosen, aber zu knappen Bayernsieg schon im Kasten, im Laptop haben, bereits im Aufzug des Nou Camp Stadions unterwegs nach unten sind, um sich die beste Startposition im Ringkampf um die Interviews zu sichern? Die taten mir ja fast mehr Leid als mein Kollege Hans-Peter und ich selbst. Eine Reihe vor mir, leicht nach rechts versetzt, schreien jetzt plötzlich die BBC-Kollegen wie verrückt. Fast noch verrückter und schöner – weil englischer – als ich davor bei Baslers Tor für die Münchner zum 1:0. Der arme Trainer Ottmar Hitzfeld, der aus gut gemeinten pädagogischen Gründen noch andere verdiente Recken am sicher geglaubten Sieg teilhaben lassen wollte, sie mit dir spielen lassen wollte und nur deshalb Matthäus (für ihn kam in der 80. Minute Fink) und Basler (für ihn kam in der 89. Minute Salihamidzic) auswechselte. In der 71. Minute war bereits Scholl für Zickler gekommen.

»So ein Mist aber auch«, dachte da sicher nicht nur ein jetzt als Interviewbettler bei einem privaten Anbiederer sein Dasein Fristender. Der smarte, an diesem Abend gar nicht eingesetzte Ersatzspieler, zeigte höhnisch vor allen Leuten mit je einem ausgestreckten Finger beider Hände an den ostentativ nach oben und zur Seite gestreckten Armen, was er denkt und wem er die Schuld gibt. Ungeniert greift er sich an den Kopf, dorthin, wo normalerweise das Hirn angesiedelt ist. Und meinte damit wohl den über jeden Zweifel erhabenen Trainer und Gentleman Ottmar Hitzfeld. Was hast du, hinterhältiger Ball, dir nur gedacht, als du an diesem Abend alle, davon über 90 000 im Stadion Nou Camp von Barcelona und Millionen und Abermillionen an den Fernsehschirmen, solchermaßen bewusst in die Irre, ja nachgerade in den Wahnsinn getrieben hast? Du, Ball, bist schuld, du alleine. Gib's endlich zu, old chap! 66 und 99 warst du ein Engländer, du dem Germanischen entsprungener Schuft!.

Dann knapp drei Tage später in Nürnberg: »Ich pack' s nicht

mehr«, jetzt nicht, heute nicht, damals nicht und in der Zukunft erst recht nicht. Immer drehte sich alles um dich, weil du dich falsch gedreht und falsch geflogen und vor allem falsch gelandet bist, du Falschflieger!

Manchmal gehorchst du ja auch. Manchmal machst du sogar das, was der Reporter sagt und dir irgendwie ansieht oder zumindest glaubt, dir anzusehen. So wie anno 1997, Anfang Mai beim Münchener Lokalderby, als die Sechziger kurz vor der Pause bereits mit 2:0 (beide Male Heldt) führen. Und dann Folgendes passiert – und du offenbar mithörst und mitspielst! Danke, Ball: »Jetzt kriegen die Bayern einen Freistoß – noch besser als eine Ecke. Von der rechten Seite. Zwei Meter von der Grundlinie, fünf Meter neben der Eckfahne. Von rechts Matthäus! Wenn jetzt der Klinsmann köpft, dann kracht's aber. Kopfball von Klinsmann: Tor! Ja, ich hab's Ihnen ja gesagt! Das ist unser Klinsi! Der Mann, der nicht nur mit den Gegnern und den Neidern, sondern auch mit den Medien zu kämpfen hat. Ich hab's Ihnen ja gesagt, wenn der an den Ball kommt, mit dem Kopf, dann klingelt es. Jetzt hat es geklingelt: Tor!«

Du hungriger, verhungerter Ball, du kriegst alles mit, was die Spieler sagen, fluchen, heucheln, keuchen, schmatzen, spucken, fragen, brüllen, stöhnen, schreien, betteln. Und was machst du, Unseliger? Du lachst nur höhnisch dazu, oder schweigst und genießt. Aber du Sagenhafter, uns Beherrschender, musst doch auch einmal reden, etwas sagen, nicht nur immer aus dem Feld oder neben das Tor fliegen. War der Fehlschuss nun Absicht oder nicht? War der Mann gekauft oder nicht? Merkst du so etwas, wenn er sich Mühe gibt, dich nicht zu treffen oder dich nicht richtig zu treffen? Bist du dann betroffen oder nicht? Schlägst du ihm dann auch manchmal ein Schnippchen?

Tore, die nicht sein sollten, wie jenes anno 1964, als der brave, kleine Fußballclub Bayern München gegen Hessen Kassel gar nicht gewinnen wollte? Ein gewisser Jaworski aber Tor um Tor schoss und sich Sammy Drechsel am Mikrofon des BR gar nicht genug amüsieren konnte, dass die hinten nun wieder einen reinlassen mussten. In die vermeintlich leichtere Gruppe zu den Aufstiegsspielen in die Fußballbundesliga wollte man damals. Man wollte als Süd-Zweiter mit dem vermeintlich schwächeren Südwest-Ersten VfB Borussia Neunkirchen in einer Gruppe spielen. Beim ersten Spiel war ich natürlich im Grünwalder Stadion: Alles ging schief. Auch das Debüt von Franz Beckenbauer. Die Rothosen verloren.

Auch die Premiere meiner späteren Frau als Stadionbesucherin brachte kein Glück. Noch nie davor in ihrem Leben war sie bei einem Fußballspiel gewesen. Auch danach ging sie fast nie mehr zu einem Fußballspiel mit. Allerdings manchmal nach Bayreuth. Einmal zum Köpke-Abschiedsspiel in Nürnberg, und einmal flog sie mit nach Barcelona, zum Spiel Barcelona gegen Bayern München. Radio Bayern 3 hatte sie eingeladen. Dass sie anfangs noch oft nach Bayreuth mitfuhr, muss an der netten Atmosphäre dort gelegen haben. Fast familiär war das immer, bei den Pressekonferenzen Ende der siebziger und Anfang der achtziger Jahre mit von den Spielerfrauen selbstgebackenen Kuchen. Ähnliches habe ich später nur noch in Vestenbergsgreuth bzw. bei Greuther Fürth erlebt. Familie Hack sei Dank.

Nun aber wieder zu dir, du Ball. Red endlich und verrate, was du gehört, gesehen und gerochen hast. Ball, gehorche. Horch noch einmal in dich rein. Damals in Wembley anno 1966 oder 2002 in Korea beim WM-Finale. Warum bist du aus den Fängen von Kahn einfach davongeflutscht? Oder 1999 in Nürnberg, warum bist du an den Pfosten gekracht und danach zum Golz

und nicht ins Tor? Du wolltest einfach nicht. Gib es halt bitte endlich zu. Der SC Freiburg wäre auch bei einem 2:2 nicht abgestiegen. Oder doch? Ich muss rechnen. Nein, sie hätten zwar auch nur 37 Punkte wie Frankfurt erreicht, aber ein Minustor weniger als die Eintracht. Oder 1976 beim EM-Finale in Belgrad. Warum hast du dafür gesorgt, dass Uli Hoeneß letztlich nur als Folge deines Elfmeter-Fehlflugs damals in Belgrad, heute ein so erfolgreicher Manager und der FC Bayern nur deshalb ein so erfolgreicher Verein werden sollte? Warum bist du über das Tor geflogen? Du Strauchdieb! Wenn du bei den Grasshoppers im Busch verschwindest und jeder von uns glaubt dich zu finden, aber keiner findet dich. Du Laubfrosch und du Lustmolch! Uttenreuth lässt grüßen …

In Bielefeld auf der Alm am 26. Februar 2005 fliegst du erst an den linken Pfosten der Arminia (Mintal) und ein paar Minuten danach an den rechten (Daun) – und jedes Mal springst du wieder raus aus dem Tor. Das wäre mindestens einmal der Ausgleich zum verdienten 2:2 gewesen. Aber genau im Gegenzug der Arminia beim Schuss von Pinto suchst du dir hinterhältig, wie du nun mal bist, traumwandlerisch sicher aus 26 Metern exakt den linken Pfosten des Nürnberger Tores aus. Du springst rotzfrech nach innen in »unser« Tor! Wenn du in Feucht beim 1. SC gegen Sportfreunde Siegen hoch über uns alle auf das Tribünendach knallst, dort herumhupfst und dann einfach einmal verschwindest. Was fällt dir da ein, Ball?!

Ich sehe und höre, du willst sprechen. Gut so, Eckiger, na endlich! Ich fasse es nicht!

Hart und lang ist der Weg. Manchmal dauert er fast zwei Jahrzehnte. Er ist zwar auch schön, aber immer wieder entbehrungsreich für alle Beteiligten. Und allein schafft ihn keiner, den mühsamen Aufstieg bis zum Gipfel. Hier ist es so, wie es sonst oft im Leben ist. Letztlich entscheidet gar nicht so sehr die Leistung darüber, wer es schafft von den vielen Tausenden, die fast alle schon im zartesten Kindesalter in irgendeiner F- oder E-Jugend begonnen haben. Denn hier spielen andere Faktoren eine viel wichtigere Rolle. Beispielsweise die Beziehungen, das Umfeld, Verletzungen, Eltern, mitunter auch Geld – oder einfach nur Glück.

Einen meiner Schüler, der über einen ungeheuren Bewegungsdrang verfügte und immer mit seinen langen Armen zappelte, konnte ich für Volleyball begeistern. Zunächst musste ich den Zwölfjährigen aber mehr oder weniger zur Teilnahme am nachmittäglichen Volleyball-Training in der Schule zwingen. Als ich nach wenigen Wochen bereits sein überragendes Talent erkannt hatte, bat ich zwei Volleyball-Freunde, für ihn einen geeigneten Verein zu suchen. Und dann ging alles sehr schnell. Später wurde er Bundesliga- und Nationalspieler und schließlich sogar mehrfacher Volleyballer des Jahres. Das war in den achtziger Jahren.

Heute beginnt alles schon viel früher, und die Konkurrenz ist wesentlich größer – im Fußball wie auch im Volleyball. Immer wieder hatte ich überragende Fußballer in meinen Klassen. Etwa Chhunly Pagenburg. Als ich wieder mal in einer Deutsch-Doppelstunde zur Auflockerung für einige Minuten mit einer von Boris Becker für Schulen gestifteten blauen Spieltonne mit unzähligen Ballspielen und Spielgeräten in den Pausenhof ging, um mit einem Teil der Jungen Fußball zu spielen, war ich völlig überrascht. Gegen Chhunly und seine Tricks war kein Kraut

gewachsen. Beim Fünf gegen Fünf gewann immer die Mannschaft, in der er mitspielte.

Mittlerweile gehört Chhunly zum Kader der U19-Nationalmannschaft und zum erweiterten Profikader des Clubs. Chhunlys Vater war jahrelang sein Betreuer und Fahrer. Chhunly, Jahrgang 1986, begann schon mit vier Jahren beim Sportbund Phoenix in Nürnberg mit dem Fußball. Als Sechsjähriger hatte er in zwei Spielen gegen die E-Schüler des 1. FCN jeweils den Ehrentreffer zum 1:5 allein herausgespielt und erzielt. Daraufhin war er vom 1. FCN regelrecht abgeworben worden. Bis zur D2 blieb er da. Dann wechselten Vater und Sohn für ein Jahr zu den benachbarten Greuther Fürthern. Danach holte ihn wieder der Club. Dann wurde er dort zum Saisonende rausgeschmissen, und der Vater brachte den Jungen zum 1. SC Feucht. Plötzlich wollte ihn der Club wieder, was gerade noch klappte, aber nur, weil Feucht und Trainer Seitz großzügig waren.

In den nächsten Jahren wird sich für ihn – der parallel zu seinem anstrengenden Leistungssport eine Ausbildung als Bankkaufmann macht – entscheiden, wo es weitergeht und wie weit er es schaffen wird. Bei ihm halte ich alles für möglich. Einen talentierteren, technisch begabteren Stürmer habe ich beim 1. FC Nürnberg noch nicht gesehen. Vielleicht wird man von ihm noch hören, genauso wie von Sebastian Szikal, Alexander Stephan und Christoph Weber (alle 1. FC Nürnberg) oder von Sven Ehser und Fnan Ghebregziabher (beide Eintracht Frankfurt) oder von Benjamin Schwarz und Björn Ziegenbein (beide TSV München 1860) oder von Stephan Schröck und Markus Karl (beide SpVgg Greuther Fürth) oder von Danny Galm und Adam Szalei.

Wer weiß das schon? Ihre Namen stehen hier stellvertretend für vielleicht noch bessere, noch begabtere Jugendliche aus diesen oder unzähligen anderen Vereinen in ganz Deutschland. Sie alle arbeiten fast zwei Jahrzehnte darauf hin, vielleicht 2007, 2009 oder 2011 einmal Fußballprofi zu werden – und so berühmt wie Michael Ballack, Oliver Kahn oder schon bald Lukas Podolski zu werden.

Doch wie viele scheitern, wie viele hören aus Frust auf, weil sie keine Eltern haben, die sie bedingungslos unterstützen und ihre ganze Lebensgestaltung dem Fußball unterordnen oder weil sie ganz gezielt schon in jungen Jahren regelrecht gemobbt werden und sich dem einfach nicht länger aussetzen wollen? Oder, weil es – aus welchen Gründen auch immer – eben einfach nicht geklappt und nicht gereicht hat?

Ein anderer ehemaliger Schüler von mir, Matthias Schiller, genannt »Matze«, ist vom Typ her ganz anders als Chhunly. Meiner Meinung nach hatte Matze aber ebenfalls das Zeug, um ganz nach oben in die 1. oder mindestens 2. Bundesliga zu kommen. Er besaß als Mittelfeldspieler alles, was ein Fußballer mitbringen muss. Sein Manko war vielleicht, dass es so aussah, als ob er immer im selben Tempo spielen würde. Außerdem hatte er nicht jenes selbstsichere Auftreten, das man in diesem Gewerbe schon in jungen Jahren braucht. Eigentlich ein Jammer, dass so ein guter Mann nie beim Club in der Ersten Mannschaft spielen durfte – außer in einem unwichtigen Toto-Pokalspiel. Und da war er der beste Mann.

Auch Matze begann als Fünfjähriger bei DJK Sparta Noris. Damals schoss er in seiner ersten Saison unglaubliche 154 Tore. Noch heute hat er eine Urkunde, die ihm das bestätigt. Auch bei ihm waren Vater und Mutter stark im Verein engagiert. Erst in der B-Jugend wechselte er, wie auch Chhunly, nach einem entsprechenden Angebot zur SpVgg Greuther Fürth. Dort lernte er professionelles Laufen unter Trainer Martin Herrmann und durfte schon bei den A-Jugendlichen mittrainieren. Dann warb ihn Reinhold Hintermaier ab und holte ihn zum 1. FC Nürnberg, wo ihn sein A-Jugendtrainer Kurt Eigl stark förderte.

Mittlerweile hatte er einen wirklich guten Realschulabschluss geschafft, wählte sich aber mit einer Ausbildung zum Maler, die er später auch abschloss, eine reichlich anstrengende körperliche Beschäftigung. Jeden Morgen um sechs Uhr aufstehen zu müssen, um nach acht Stunden harter körperlicher Arbeit zum ebenfalls anstrengenden Training zu fahren. Das haut doch normalerweise den stärksten Mann um.

Aber Matthias Schiller hat es durchgezogen. Nach seiner Ausbildung lebte er als Vertragsamateur des 1. FCN nur noch für den Fußball. Leider kam die Amateurmannschaft des Clubs bisher nie höher als bis in die Bayernliga. Ein Angebot von Hertha BSC – dort sollte er zunächst in der Regionalliga spielen, hatte aber durchaus eine Perspektive nach oben zu den Profis – nahm der vielleicht zu bescheidene Familienmensch nicht an. Dies sicher auch, weil er hoffte, dass er als meistens bester Amateurspieler des Clubs irgendwann den Sprung zu den Profis schaffen würde. Und ich hoffte das auch.

Doch während andere Gleichaltrige über den 1. FC Nürnberg und SpVgg Greuther Fürth den Sprung in die Bundesliga oder in die 2. Liga geschafft haben (Björn Schlicke beim HSV, Marco Christ bei Dynamo Dresden, Timo Rost und Adebowale Ogungbure bei Energie Cottbus sind nur einige Beispiele) wird Matthias Schiller zwar jahrelang im Südosten Nürnbergs beim aufstrebenden Regionalligisten 1. SC Feucht in der 3. Liga für Aufsehen sorgen – mehr aber auch nicht.

Wahrscheinlich sind ihm indirekt die häufigen Trainerwechsel beim Club zum Verhängnis geworden. Weder Rausch noch Augenthaler haben ihm je eine Chance gegeben. Da der 1. SC

Feucht 2005 Konkurs anmelden musste, weil die Firma des rührigen österreichischen Hauptsponsors nicht mehr in den kleinen Verein investieren konnte, hat sich Matthias entschlossen, seine Profikarriere zu beenden. Er wird sich umschulen lassen zum Industriekaufmann. Aus der Traum. Rückblickend bereue er nichts, wie er mir an Ostern 2005 sagt. Viele seiner Mannschaftskameraden von einst haben es nicht mal so weit gebracht wie er – allerdings war er nicht nur in meinen Augen wohl sicher einer der Allerbesten im Nürnberg-Fürther Nachwuchsbereich. Schade, schade, kann ich da nur sagen. Vielleicht hätte er doch früher einen professionellen, teuren Berater gebraucht.

Matthias bestätigt, was ich immer wieder von engagierten Eltern guter Fußballschüler und Jugendlicher höre: dass schon im Schüler- und Jugendbereich Vetterleswirtschaft und Geldspenden oft wichtiger sind als die fußballerische Leistung. Gute Nacht, armes Fußball-Deutschland. Dies alles nur als Hinweis und Warnung an alle Verantwortlichen in den Vereinen und beim DFB. Nur gut, dass der DFB und auch viele Landesverbände und Vereine endlich das umzusetzen beginnen, was viele und auch ich seit langer Zeit fordern: Alle Profivereine sollen pädagogisch und medizinisch sehr gut geführte und fußballerisch professionell betreute Jugendinternate einrichten. Der Vorreiter auf diesem Gebiet ist wieder mal der FC Bayern München.

Es gibt in Deutschland trotz der eklatanten Bewegungsarmut unter Kindern und der Schulsportmisere, an der die Politiker und nicht die Lehrer schuld sind, noch immer genügend Talente. Diese müssen aber rechtzeitig gesichtet, gefördert und schulisch wie sportlich optimal betreut werden. So genannte Schulen für Leistungssport können eine zusätzliche Hilfe sein und einen zusätzlichen Ansporn bieten. Leider gibt es davon aber immer noch viel zu wenige.

Außerdem sollten alle Profivereine vom DFB gezwungen werden in jeder Saison so oft und so viele 19-Jährige im ersten Jahr nach der A-Jugend aus dem eigenen Verein in Punktspielen einzusetzen, dass insgesamt mindestens 340 Einsatzminuten zusammenkommen (von insgesamt 3060 Minuten).

Das wäre ein Anreiz für Deutschlands Jugendliche und deren Trainer! Bundestrainer Jürgen Klinsmann macht es vor, dass es sich lohnt, junge Leute sogar in der Nationalmannschaft zu bringen. Der mutigste Bundestrainer, den es je gab. Respekt!

Anhänger

Einen Menschen mit Herz und Gefühl erkennt man manchmal daran, dass er sich für den Fußball und damit auch für das Schicksal mindestens eines Vereins interessiert. Oft sind es Menschen, von denen man das nie erwartet hätte. Deren Herz dafür aber umso intensiver einem oder zwei, drei Vereinen »anhängt«. Natürlich finde ich es gut, dass es so viele Anhängerinnen und Anhänger in aller Welt gibt. Egal, ob die sich nun für den Itzehoer SV oder Real Madrid begeistern.

Anhänger sind sympathische Menschen. Sie unterscheiden sich vom oft zum Extrem neigenden Fan. Sie glauben wenigstens nicht, dass die heutigen Spieler für die Anhänger des Vereins spielen. Und sie wissen sehr gut, dass hier ein Geschäft abläuft, bei dem es auch um ihr Geld geht. So gesehen hat es der Anhänger viel leichter als der Fan. Er hat mehr Distanz und leidet weniger. Der Anhänger ärgert sich zwar auch. Aber er würdigt die Leistungen anderer Mannschaften. Ein Fußballanhänger liebt sozusagen kritisch und objektiv – nicht blind. Der Anhänger freut sich ehrlich über die guten Spielzüge der Gastmannschaften und honoriert das mit sportlichem Beifall. Ein Fußballästhet – ein Genießer.

Leider kommt das hierzulande immer mehr aus der Mode. In England erhält der Gegner auch heute noch Applaus für eine sehenswerte Kombination. Früher hat es das auch in unseren Stadien gegeben. So erinnere ich mich, dass ich als Junge in den fünfziger Jahren in der Münchner Stadionzeitung »Die Blaue« las: »Heute kommt unser Club aus Nürnberg.« Gemeint war der 1. FC Nürnberg. Heute noch sehe ich schemenhaft die schwarzen Hosen und die weinroten Trikots eines Max Morlock und das komplett schwarze Torwartdress eines Roland Wabra vor mir. Dieser freundliche Empfang für den Gegner hat mich damals überhaupt nicht verwundert. Das war gut und normal.

Parallel zu meinen Lebensepochen hängt meine Anhängerschaft natürlich immer mit meinen jeweiligen Wohnorten zusammen. So wird es den meisten Fußballanhängern ergehen. Jeder verbindet wohl Heimatgefühle mit diesen Vereinen, auch wenn er längst nicht mehr dort wohnt. Wer sein Leben lang im selben Ort lebt, wird vielleicht nie »fremdgehen« oder gar die Vereinsbeziehung ganz wechseln. Aber auch das muss nicht so sein. Meine erste Fußball-Liebe war der 1. FC Traunstein. Das war in meiner Kindheit in Traunstein in den Nachkriegsjahren bis 1950 und in den Jahren danach jeweils in den Schulferien. Sie ist mittlerweile leider schon etwas verblasst. Aber ich weiß immer mehr oder weniger genau über ihren Tabellenstand in der Bezirksoberliga Bescheid. Ab 1950 während 14 Jahren Jugend- und Studentenzeit in München war es dann der FC Bayern München. Später, aber erst, als ich schon etwa zehn Jahre in Nürnberg und mit eigener Familie lebte – und trotz jahrelanger innerer Abwehr –, wurde es der 1. FC Nürnberg.

Inzwischen bin ich aber Anhänger und Sympathisant von mindestens hundert Vereinen. Die mir alle aus verschiedenen Gründen etwas bedeuten. Hier seien nur einige genannt: Zunächst der SC Freiburg. Oft genug musste der Sportclub unter der fehlenden Lobby leiden (wie auch Hansa Rostock). Ich bewundere, mit welcher Überzeugungskraft dort trotzdem etwas fast politisch Bedeutsames auf die Fußballbeine gestellt worden ist. Natürlich hat es mich deshalb besonders gestört, dass es ausgerechnet der SC war, der den Club zweimal jeweils am letzten Spieltag in die 2. Liga riss – im Mai 1994 und im Mai 1999.

Dann natürlich der TSV 1860 München mit seiner Meistermannschaft aus dem Jahre 1966 mit Radi Radenkovic, Patzke, Steiner, Wagner, Luttrop, Perusic, Reich, Zeiser, Brunnenmeier, Grosser, Heiß, Kohlars, Küppers, Rebele. Und weil ich sie ja alle noch selbst habe spielen sehen. In den schönen alten Löwen-Trikots. Ich habe noch heute das Gefühl, dass sie damals aus Überzeugung für 1860 gespielt haben und nicht aus geschäftlichem Interesse oder gar aus reiner Geldgier.

Dann die Borussia aus Mönchengladbach. Diese Mannschaft begeisterte mich vor allem in den siebziger Jahren, als die Fohlen wunderbaren Konter-Fußball spielten. Als dort Hacki Wimmer, Bonhof, Netzer, Köppel, Heynckes oder Del'Haye spielten und zauberten. In neuerer Zeit ist der FSV Mainz 05 hinzugekommen. Eine großartige Fußballgemeinschaft – irgendwo zwischen Pfadfindergruppe und Kickerkollektiv. Doch wer weiß, wie lange sich ihre fußballerische Gegenwelt in der ersten Bundesliga halten wird? Hoffentlich lange, lange.

Der Hamburger Sportverein, vor allem natürlich wegen des unverwüstlichen, immer jung gebliebenen Uwe Seeler und weil ein Verwandter und Pfarrer aus Aurich, dem ich das nie zugetraut hätte, ein glühender HSV-Fan war. Hannover 96, ohne genau zu wissen, warum. Hertha BSC Berlin, wegen meiner Großeltern väterlicherseits. Mit großen Einschränkungen auch der 1. FC Kaiserslautern. Eigentlich fast nur wegen meiner Großeltern mütterlicherseits, denn die stammen aus der Pfalz. Dann natürlich der VfB Stuttgart, bei dem einst der Traunsteiner Hinterstocker spielte. Zudem verdanke ich dem VfB als Reporter wunderbare Spiele – vor allem im Münchner Olympiastadion. Schließlich natürlich der FC Schalke 04, ein weiterer Traditionsverein, der noch dazu mit den Fans des 1. FCN freundschaftlich verbunden ist.

Aus der Zweiten Liga von früher und von heute: die SpVgg Greuther Fürth, bei der ich im September 1976 das erste Mal als Probereporter ein Mikrofon des Bayerischen Rundfunks in der Hand hielt und bei der es heute noch bei der Pressekonferenz nach dem Spiel den besten selbst gebackenen Kuchen gibt. Der FC Bayern Hof, bei dem für mich alles anfing. Die SpVgg Bayreuth, der FV Würzburg 04, die Würzburger Kickers, Viktoria Aschaffenburg und der 1. FC Schweinfurt. Außerdem Rot-Weiß Essen, die Männer von der Hafenstraße, ein Traditionsverein mit einem tollen Publikum. Energie Cottbus, Dynamo Dresden, Rot-Weiß Erfurt, FC Carl Zeiss Jena. Natürlich der ESV Ingolstadt und der MTV Ingolstadt, die jetzt fusionierten zum FC Ingolstadt 04. Von der Spielvereinigung Unterhaching hängt sogar ein Trikot mit den Unterschriften aller Bundesliga-Spieler von 1999 in meinem Arbeitszimmer. Dann der 1. FC Köln, Rot-Weiß Oberhausen, der 1. FC Saarbrücken und die Eintracht aus Frankfurt natürlich. Unvergesslich für mich ist auch die bedrückende Stimmung, wie sie beim Geisterspiel zwischen der Alemannia und dem 1. FC Nürnberg am Aachener Tivoli im Januar 2004 herrschte.[8] Nicht zu vergessen der Karlsruher SC, der MSV

Duisburg und aus meiner oberbayerischen »Ferienheimstadt« natürlich der SV Wacker Burghausen.

In Portugal bin ich Anhänger von Sporting und Benfica, den beiden Mannschaften aus Lissabon – aber auch vom FC Porto. In Italien hege ich Sympathien für Juventus Turin, für Sampdoria Genua, für AS Rom, vor allem aber für den AC Florenz und für Lecce: Bezüglich Lecce, weil diese Mannschaft so ähnlich wie der Nürnberger Club oft ab- und wieder aufsteigt. Und – vielleicht noch wichtiger – weil sie so schöne goldgelb-rote Trikots und Hosen haben. Für Florenz, weil unsere jüngere Tochter vier Jahre an der dortigen Kunstakademie studierte, gleich neben dem David von Michelangelo.

Am heftigsten schlägt mein Herz aber, zumindest die ausländischen Fußballvereine betreffend, natürlich für den englischen Vereinsfußball: Aufgrund unseres 1971 gemieteten Hauses in Ham-Richmond an erster Stelle für den FC Chelsea London, dann für den FC Arsenal London und für Manchester United. An Manchester City hänge ich eigentlich sogar noch etwas mehr, weil dort schon viele Deutsche wie Bernd Trautmann, Uwe Rösler, Eike Immel oder zuletzt Michael Tarnat spielten. Dann mag ich noch den FC Liverpool, für den Babbel spielte, Tottenham Hotspur, für die Klinsmann rackerte, Aston Villa, Newcastle United, Norwich City und Chrystal Palace. Außerdem bin ich Anhänger mancher Vereine, die in der zweiten oder dritten Division spielen. Zum Beispiel vom FC Burnley, vom FC Reading, von Sheffield United und von Crewe Alexandra.

In Spanien hat es mir vor allem in Barcelona beim FC gefallen – zum einen wegen des herrlichen Stadions, zum anderen wegen der sympathischen Menschen. Ich bin aber ein heimlicher stiller Anhänger des FC Valencia und von Real Madrid. Solange

Bernd Schuster dort Trainer war, interessierte mich auch UD Levante. Auch in Frankreich habe ich meine Favoriten: Hier sind es Girondins Bordeaux, FC Toulouse, RC Lens und FC Nantes. Und natürlich vor allem Olympique Lyon.

Jetzt hätte ich beinahe »meine« schottischen Vereine vergessen! Die großartigste Stimmung, die ich je erlebt habe, war jene in Edinburgh bei den Raith Rovers, aber auch in Glasgow war es fantastisch – sowohl bei den Rangers im Ibrox Park als auch bei Celtic im Celtic Park. So viel nur dazu, dass man im Grunde genommen heimlicher Anhänger von vielen, vielen Vereinen ist: vom kleinen Amateurverein um die Ecke, bei dem man selbst gekickt hat, bis zum Weltklasse-Club.

Viele meiner Freunde sind übrigens passionierte »Groundhopper«, sie sammeln Stadionbesuche. Sie reisen seit Jahren weltweit zu Fußballspielen von bekannten und unbekannten Vereinen. Ich beneide sie ein wenig. Für einen echten Fußballanhänger muss das ein wunderbares Hobby sein, losgelöst von jedem Ergebnis-Stress. Manche von ihnen sehen gar nicht aus wie Fußballanhänger.

Und hin und wieder sprechen sie mich an im Bordrestaurant des Zuges, wenn ich wieder mal wie ein Esel bepackt unterwegs bin – in den Norden oder Westen oder Osten Deutschlands. Einer von ihnen, ein Psychotherapeut aus der Nähe Nürnbergs, schickt mir seither seitenlange, in wunderbarer Handschrift verfasste, amüsante Reiseberichte von Erkundungsfahrten zu den bekannten und unbekannten Fußballplätzen der nahen und weiten Welt.

Drei Fußball-Lieben, vier Tore und eine Hochzeit

Es war vor gut fünfzig Jahren, anno 1951. Im zarten Alter von neuneinhalb Jahren war ich in Traunstein, dem Ort meiner Kindheit und meiner Grundschulzeit, das erste Mal auf einem richtigen Fußballplatz mit zwei Toren, zwei Mannschaften und rundherum vielen Zuschauern. Das war im »Stadion« des 1. FC Traunstein – gleich neben der Traun. Damals spielten der 1. FC Traunstein und der VfL Ingolstadt. Das Spiel endete 3:3.

Zwar lebte ich damals bereits ein knappes Jahr in München, durfte aber in den Sommerferien immer zu Besuch zu meiner Großmutter nach Traunstein fahren. Warum ich das alles noch so genau weiß? Ganz einfach. Es steht in einem meiner ersten Briefe, fein säuberlich in Schülerhandschrift und sogar mit Tinte geschrieben. Da heißt es am Schluss in nicht ganz fehlerfreiem Deutsch: »Am Sonntag ging ich zum Fußball. Da trennte sich FC Traunstein – VfL Ingolstadt 3:3.« Offenbar hat mich die Anzeigentafel zu dieser Formulierung inspiriert. Es war der 26. Mai 1951 und offenbar bin ich da ganz alleine in die Au zum Sportplatz gegangen.

Für Traunstein spielte damals noch Hinterstocker, der später zum VfB Stuttgart wechselte. Mir ist bis heute noch in Erinnerung, wie mutig sich der Traunsteiner Tormann Hans Süß immer wieder vor die Füße der Ingolstädter Angreifer warf. Ich sehe ihn mit seiner schwarzen Schiebermütze förmlich noch vor mir. Zumindest bilde ich mir das ein. Seit diesem Zeitpunkt bin ich vom Fußballbazillus befallen und spiele bis heute jede Woche einmal selbst wie ein Wilder Fußball. Trotz lädierten Knies, ohne Kreuzband, ohne Meniskus und fast ohne Knorpel. Dafür muss ich Gott dankbar sein! Als glücklicher, kindlicher Narr schreibe ich mir sogar immer auf, ob wir gewonnen oder verloren haben. Traunstein war sozusagen das erste Mal, dass mich der Fußball küsste.

Mittlerweile habe ich unzählige Stadien in Bayern, in Deutschland und in ganz Europa betreten dürfen. Meist »nur« als Reporter. Als Spieler erinnere ich mich besonders gerne an den 9. November 1963, einen Samstagnachmittag, als wir mit der Elf des Münchener Postamts 55 auf dem alten Teutonia-Platz in München gegen den Alpenverein München antraten. In einem Fotoalbum aus meiner Studienzeit ist die ganze Mannschaft verewigt. Auch mein Spezi und Postkollege Gerhard Weinberg, der für die Zustellung in Fürstenried-Ost zuständig war, kniet in der ersten Reihe neben mir. Wir gewannen damals 4:3. Obwohl wir entweder 0:3 oder 1:3 zurücklagen. An solche Spiele erinnert man sich natürlich besonders gerne. Zumal ich alle vier »Kisten« schoss – was nicht wirklich schwer war, da ich damals mit knapp zweiundzwanzig Jahren einer der Jüngsten auf dem Platz war. In unserer Mannschaft waren noch drei weitere junge Spieler, während beim Alpenverein schon einige weit über dreißig und vor allem auch beleibter waren.

Auf dem Heimweg nach Fürstenried nahm mich mein bester Freund im Auto mit. Ich erzählte ihm, dass ich an der Pädagogischen Hochschule München-Pasing, wo ich studierte, die Frau meines Lebens getroffen hätte und dass ich sie aller Voraussicht nach heiraten würde. Nachdem mein Freund erfahren hatte, wie sie aussieht und was man halt sonst so wissen will, fragte er dummerweise noch, wie sie heißt. Genau da aber musste ich passen, denn ich kannte die junge Dame ja noch gar nicht! Ich hatte noch kein einziges Wort mit ihr gewechselt. Klar, dass mich mein Spezi für verrückt hielt und kurz hinterm Leonrodplatz auf dem Weg

zum Rot-Kreuz-Platz beinahe einen Auffahrunfall verursacht hätte.

Aber ich habe mir am Montag danach ein Herz genommen und diese Dame in der PH auf der Treppe angesprochen. Eine Minute später saß sie in meinem alten VW Käfer und ich fuhr sie zum Bahnhof Pasing. Denn dort musste sie hin, um weiter nach Unterpfaffenhofen zu fahren. Die drei Minuten Fahrzeit nutzte ich für einige sehr wichtige Fragen, auf deren Wiedergabe ich hier besser verzichte.

Diese überhaupt nicht fußballinteressierte Dame ist mittlerweile vierzig Jahre mit mir verheiratet. Was für eine Leistung! Vielleicht sogar von beiden Seiten, wer weiß das so genau? Ob ich vielleicht sogar deshalb dieses wichtige Fußballspiel nie vergesse – statt Hattrick ein Heiratstrick? Ich weiß es nicht. Jedenfalls erinnere ich mich noch gerne und habe auch noch lockeren Kontakt zu ein oder zwei Posterern vom ehemaligen Postamt 55 am Waldfriedhof. Bei der Post arbeitete ich damals als Student in der »vereinigten Zustellung«. Das heißt, ich war sowohl Brief- als auch Geldzusteller, was immer ein gutes Trinkgeld einbrachte.

In der damaligen Zeit reichte dieses Trinkgeld, um meine Freundin abends auf der Leopoldstraße auf einen Teller Bohnensuppe mit herzhaftem Brot und einem billigen, aber guten Schoppen Wein einzuladen. Als Urlaubsaushilfe lernte ich im Laufe der Zeit verschiedene »Buttergänge« so gut auswendig, dass der Amtsleiter jedes Jahr bereits im Januar oder Februar bei uns daheim anrief, und mich fragte, ob ich nicht wieder mehrere Wochen Urlaubsvertretung machen könnte. »Buttergang« bedeutete, dass man den Bezirk besonders leicht gehen konnte.

Damals gab es noch zweimal am Tag Zustellung. Ich musste jeden Tag um halb fünf in der Früh anfangen. Das war das eigentlich Harte. Alles andere hat mir großen Spaß gemacht: immer an der frischen Luft sein, mit Leuten Kontakt haben und vor allem selbständig über Arbeitstempo und Arbeitsweise entscheiden zu können. Noch heute betrachte ich alle Posterer in Nürnberg als meine Kollegen.

Als ich dann im September 1964 nach Nürnberg kam und nicht mehr für die Post arbeitete, sondern mein Studium abgeschlossen hatte und junger Lehrer war, da begann so eine ganz verzwickte Fußball-Liebesgeschichte. Sozusagen die dritte Fußball-Liebe, den FC Bayern München und den 1. FC Traunstein mitgezählt.[9] In Nürnberg war ich natürlich für die Franken zunächst der absolute Exot. Dazu muss man wissen, dass die Bundesliga damals in ihre zweite Saison ging. Der 1. FC Nürnberg, zu der Zeit eine der namhaftesten Mannschaften Deutschlands, war 1961 Meister geworden (mit Wabra, Flachenecker, Reisch, Strehl und Morlock), 1962 Pokalsieger (mit Wabra, Derbfuß, Hilpert, Wenauer und Wild) und würde 1968 erneut den Titel holen (u. a. mit Roland Wabra, Franz Brungs und Schorsch Volkert).

Für den damals noch kleinen FC Bayern München, der in der Oberliga Süd gegen Singen 04, Hessen Kassel und den FSV Frankfurt spielen musste, hatte man in Nürnberg nur ein mildes Lächeln übrig. Weil 1860 München im Gründungsjahr der Bundesliga Süddeutscher Meister geworden war und es nicht zwei Vereine aus einer Stadt in der Bundesliga geben sollte, erhielten neben dem 1. FC Nürnberg und der Eintracht Frankfurt aus dem Bereich des Süddeutschen Fußballverbandes der VfB Stuttgart und der Karlsruher SC gegenüber dem FC Bayern München den Vorzug. Und das, obwohl in den zwei vorangegangenen Spielzeiten beide Vereine schlechter abgeschnitten hatten als die Rothosen. In der »ewigen Tabelle« der Oberliga Süd nahm der KSC damals sogar nur den 11. Platz ein.

Ausgerechnet zu dieser letzten Blütezeit des Nürnberger Clubs kommt dann also einer aus München daher, der als bekennender Bayernfan seinen Schülern immer von der Ungerechtigkeit erzählt, die dem FC Bayern München bei der Gründung der Bundesliga angetan wurde. Einer, der 1954 noch den Jakl Streitle bei seinem Abschiedsspiel gegen Manchester City mit Torwartlegende Bernd Trautmann gesehen hatte. Der in der Saison 1950/1951 sogar noch Herbert Moll erlebte und dessen Bildchen in sein Kaugummi-Album geklebt hatte. Der in den Jahren danach auf Giesings Höhen Heinz Lettl, Erich Hahn (»Witschi«), Peter Velhorn, Rainer Ohlhauser, Gerd Müller und vor allem Sepp Maier und Franz Beckenbauer hatte spielen sehen. Und der zur Hochzeit von seiner Frau aus weinrotem Frottee genähte Handtücher und Waschlappen bekam. Die Handtücher benütze ich übrigens auch heute noch.

Aber auch Bayern München war damals ein ganz anderer Verein: der kleinere Münchner Club und auch ansonsten stinknormal. Die Bayern, das waren die Rothosen mit den verwaschenen Trikots, die 1955 sogar abgestiegen waren.[10] Und ich war ihr Fan und habe so gut wie jedes Spiel auf Giesings Höhen live miterlebt. Einmal erlaubten mir meine Eltern sogar, in einem Sonderzug zu einem wichtigen Auswärtsspiel zum BC Augsburg zu fahren. Es war dann im Rosenau-Stadion ein mühsames und dennoch aufregendes 1:1-Unentschieden. Damals stand Hoffmann im Tor, in der Verteidigung spielte Brandmaier und vorne stürmte Nunberger. Für mich waren damals die Bayern die Benachteiligten – und für Benachteiligte hatte ich schon immer etwas übrig.

So kam ich als 22-jähriger Lehrer und eingefleischter Bayernfan nach Nürnberg, das ich bisher nur als Leichtathlet einige Male kurz kennen gelernt hatte. Das Fränkisch meiner Schüler verstand ich zunächst überhaupt nicht. Aber ich merkte sehr schnell, dass die Leute sehr nett zu mir waren – komischerweise vor allem deshalb, weil ich ein Münchner war. Innerhalb kurzer Zeit gefiel es mir auch in meinem neuen Fußballverein, dem TSV Falkenheim und an meiner Schule in der Gartenstadt so gut, dass ich bald beschloss, in Nürnberg und damit in Franken zu bleiben. Und dann stiegen »meine« Rothosen, meine zweite Fußball-Liebe nach dem 1. FC Traunstein, 1965 endlich doch in die Bundesliga auf.

Zwei Jahre später kam es zu einem denkwürdigen Spiel: Am 2. Dezember 1967 trafen die Bayern im damaligen Städtischen Stadion auf den 1. FC Nürnberg. Damals kam uns ein Freund aus München besuchen. Es war der überragende Journalist und brillante Autor Herbert Riehl-Heyse. Und er war ebenfalls Bayern-Fan. So fuhren wir zwei also mit dem Rad ins Stadion. Und wir erlebten den Untergang für Beckenbauer, Maier, Müller und für mein Idol Ohlhauser (wie sie mich scherzhaft beim TSV Falkenheim nannten). Der FC Bayern verlor haushoch. Wir konnten es nicht glauben: 3:7. Der Club spielte an dem Tag gar nicht so gut, trotzdem war jeder Schuss der Nürnberger ein Treffer. Maier sah damals gar nicht gut aus, und auch Beckenbauer hatte einen schlechten Tag erwischt. Natürlich haben mich meine Schüler am Montag ausgelacht. Ich aber schwor mir, dieses Stadion so schnell nicht wieder zu betreten.

Als ich dann 1977 als Radioreporter beim BR anfing, war dieser Schwur schon lange Vergangenheit. Längst war ich Cluberer und stieg in der Folge mit meiner dritten und sicher letzten Fußball-Liebe laufend auf und ab. Oft genug habe ich inzwischen gesagt: Das macht hart. Obwohl ich gelegentlich dachte, dass ich es nicht mehr aushalte. Mittlerweile bin ich jedoch sicher, dass ich auch den nächsten Abstieg überstehe.

Hörerpost

Hier sind einige Hörerbriefe aus dem Jahre 2000:

*»Sehr geehrter Herr Koch,
wie wir schon mehrfach hören konnten bei Ihren Fußballübertragungen, scheinen Sie echte Probleme mit dem Vokal ›u‹ zu haben, da Sie diesen stets ins Uferlose dehnen. Wie zum Beispiel bei dem Spieler Raul von Real Madrid. Die Ursache kann am mittleren Band zwischen Zungenbein und Schildknorpel liegen, an einer möglicherweise zu engen Durchtrittsstelle für die dortigen Blutgefäße und Nerven, aber auch am Stimmbandmuskel zwischen Stimmband und Taschen, die ein rechtzeitiges Loslassen des Vokals unterbinden. Auch eine nicht ausgeheilte Laryngitis käme in Betracht, so dass ein Besuch beim Hals-Nasen-Ohrenarzt erfolgen sollte.«*

*»Sehr geehrter Herr Koch,
wir haben gestern Ihre Übertragung gehört aus dem Olympiastadion, die ja als Live-Übertragung in voller Länge angekündigt war. Davon war allerdings keine Rede, denn die meiste Zeit galt nicht dem Spiel selbst, sondern allen möglichen Themen drum herum, unterbrochen immer wieder von einer grenzenlosen Lobhudelei für den FC Bayern. Manchmal schon peinlich. Auch wenn man daran denkt, wie Ihre Kommentare wieder ausfallen, wenn diese Mannschaft eine längere Pechstrecke hat. Wobei Sie auch Herrn Hitzfeld quasi als Symbol aller Fußballautorität anhimmelten. Wie Sie mitten in so einem Spiel auf die Idee kommen können, man könne von Herrn Hitzfeld*

jeden Gebrauchtwagen unbedenklich kaufen, hat schon Seltenheitswert. Erstens tun Sie nämlich so, als sei jeder andere Verkäufer ein Betrüger und zweitens ist das Ihre bloße Vermutung, denn es gibt keinen Zusammenhang zwischen einem Fußballfachmann und seinem Verhalten beim Verkauf seines Gebrauchtwagens, den natürlich auch ein Herr Hitzfeld einem Käufer gegenüber möglichst positiv darstellen wird, was ja auch völlig legitim ist. Jeder wäre ein mieser Verkäufer, wenn er eventuelle Nachteile möglichst genau schildern würde. Machen Sie also aus niemandem einen Engel.«

»Hallo zusammen!
Seit über 30 Jahren bin ich Stammhörer von ›Heute im Stadion‹. Was ich gestern bei der Live-Übertragung aus dem Olympia-Stadion von dem Starreporter Koch hören musste, hat mich zu diesen Zeilen veranlasst. Wenn Herr K. den FC Bayern nicht übertragen möchte, dann soll er es doch lassen. Es zwingt ihn doch niemand dazu. Das Spiel der Bayern in so einer Situation ist doch schon zu den aktiven Zeiten des über allem schwebenden Kaisers zelebriert worden. Das sollte Herr Koch als guter Journalist eigentlich wissen. Seit Jahren pflegt ja dieser Cluberer die Anti-Bayern-Story. Nur auf seine alten Tage glaubt der auch noch, dass er Kult ist, der eitle Gockel. Nur weil ein paar Bayernhasser aus dem Westen sich über seine Kommentare freuen. Der Mann sollte seiner Berufung folgen und den Club in den Himmel loben und das hoffentlich bald.«

Aus dem FCN-Forum im Januar 2005:

»Der …-Typ hat mich am Samstag so etwas von aufgeregt. Der alte Depp soll seine Bauern [gemeint ist der FC Bayern, G.K.] kommentieren und uns nicht mehr erzählen, dass er ein Cluberer ist. Koch ist Bauernpack. Also lass den Club in Frieden, du alter Mann. Was mir schon immer aufgefallen ist, Koch redet die Gegner stark. Sein liebster Kommentar: ›Und sie werden immer besser und stärker die Gäste. Der Club kann nicht mehr dagegenhalten.‹ Er sieht eigentlich beim Club nur Schwächen und Fehler. Was kann man tun? Eine Petition an den BR mit der Bitte, den Koch nicht mehr bei Heimspielen des Clubs einzusetzen. Eine Unterschriftensammlung unter den Fans würde diese Bitte unterstreichen. Dann wäre es bald vorbei mit dem so genannten Cluberer.«

Glückliche Fußballer

Ja, es gibt sie. Sie sind uneingeschränkt und rundherum glücklich – quasi vom Fußball geküsst. Aber es gibt sie nur dort, wo man sie fast nicht sieht. Im Garten hinter dem Haus, auf dem Bolzplatz, im Schulhof, im Kinderzimmer, in der Schulturnhalle, am Strand im Urlaub und noch an mindestens tausend anderen Plätzen, die nicht vermarktet oder von Werbebanden umzingelt sind. Fußball ist immer dann Flucht und Befreiung, solange es nicht Beruf und Verpflichtung ist.

Er ist Befreiung vom Stress und von so mancher Niederträchtigkeit der lieblosen Welt. Wenn der Ball rollt, kommen Glücksgefühle auf. Wenn man aus purer Lust dem Ball hinterherjagt und ihn ins Tor schießt. Ganz egal wie! Drin ist drin! Ob bei Sonne, Regen, Sturm oder Schnee, in der Halle oder draußen.

Wenn wir mit den Kindern oder Freunden spielen, dann gibt es sowieso keine richtigen Tore. Dann genügen die Jacke, das Hemd oder der Stein als Ersatzmarkierungen für die Pfosten. Das reicht! Und manchmal ist es gar nicht sinnvoll, die Tore gleich breit zu machen. Erstens ist nicht immer genügend Platz dazu da. Und zweitens sind die Mannschaften selten gleich stark. Also machen wir ein Tor schmaler, weil es von den Jüngeren oder den Schwächeren, den Älteren oder den Dickeren, den Evangelischen oder den Roten verteidigt wird. Und einen Schiedsrichter brauchen wir schon gar nicht.

Wir wollen frei spielen. Und wir sind glücklich, wenn wir ganz unter uns sind, uns keiner zuschaut. Wir wollen vor allem danach keine Interviews geben oder blöde Fragen von notorischen Besserwissern beantworten. In Wirklichkeit sind nämlich die Profis ganz arme, in Zwänge aller Art gefesselte Sklaven. Sie spielen wegen des Geldes – das eigene und das der anderen. Dazu müssen sie so tun, als spielten sie aus Überzeugung für irgendeinen Verein oder für dessen Fans. Wir jedoch zahlen sogar Platzgeld oder Hallenbenützungsgebühren, um überhaupt spielen zu dürfen. Dafür trainieren wir so gut wie nie und spielen wie wir wollen, wann wir wollen, mit wem wir wollen und gegen wen wir wollen.

Ja, wir sind die einzig wahren Fußballer, denn wir sind bereits dann glücklich, wenn wir überhaupt spielen dürfen. Komm, Ball, wir spielen, und du entscheidest, wer gewinnt. Nur du. Nur beim nächsten Mal, Ball, hilfst du bitte wieder uns –

Konferenzen, Konferenzen, und was davon zu halten ist

Das Schlimmste, da wird mir fast jeder Lehrer zustimmen, sind diese unsäglichen Konferenzen. Selten wird so elegant und pseudoakademisch an den Tatsachen und den tatsächlichen pädagogischen Problemen vorbeigeredet und so viel hochbezahltes Stroh gedroschen wie dort. Oft genug reine Alibi-Veranstaltungen. Dabei wird viel wertvolles Bruttosozialprodukt vergeudet. Vor allem, wenn man sich die neuesten Verordnungen, Veränderungen von Verordnungen, Verlautbarungen, Vermutungen und sonstige Texte mitunter Ahnungsloser, frühzeitig aus der Unterrichtspraxis Entfernter oder Entflohener und dann nach außen oder oben Beförderter anhören muss.

Zweimal innerhalb von vierzig Jahren habe ich es gewagt, dagegen aufzubegehren. Beim ersten Mal, in Feucht, gab es eine Unterbrechung der Sitzung und beim zweiten Mal, dann schon in Nürnberg, hat mein alter Freund und Förderer Rudolf Bernreuther so losgetobt wie nie zuvor und nie danach. Und dann hat er einfach weitergemacht. Das war Klasse. Beim ersten Mal reagierte mein damaliger Rektor nicht so gut. Er ließ sofort die Sitzung unterbrechen. Denn die Kollegen sollten sauer auf mich werden. Schließlich hassen wir Lehrer nichts so sehr wie spätes Nachhausekommen. Denn dort wartet mit der Vorbereitung auf den nächsten Tag ein Berg von Arbeit.

Pressekonferenzen vor und vor allem nach Fußballspielen sind eine ähnlich sinnlose Zeitverschwendung. Gerade die Verlautbarungen nach Fußballspielen ähneln Märchenstunden, in denen die Wahrheit oft umgangen wird. Deshalb ist das eigentlich Spannende das, was nicht gesagt wird. Oder was nach der Konferenz nur ausgewählten Journalisten im exklusiven Einzelinterview mitgeteilt wird. Ob etwa der Spieler Soundso, der heute pausieren musste, vorgestern Nacht unterwegs war –

Eindeutig die schönste Konferenz ist natürlich die »Bundesligakonferenz« im Hörfunk der ARD. Zur Halbzeit ab 16.08 Uhr – und vor allem zum Schluss der Bundesligaspiele am Samstagnachmittag um 16.55 Uhr. Richtig spektakulär wird die Bundesligakonferenz am vorletzten und am letzten Spieltag. Denn dann sind die Regler aller neun Reporter und aller neun Stadien durchgehend offen. Das heißt, man hört alles jederzeit live. Egal, ob einer hustet oder sich schnäuzt. Häufig fallen die Tore wie am Fließband. Diese Bundesligakonferenz hat natürlich Nachahmer gefunden. Und die Kollegen beim Pay-TV machen das auch wirklich gut. Aber: Die Schnelligkeit und die Unmittelbarkeit, das glaubhaft, weil auch tatsächlich am Ort des Geschehens in Bremen oder Dortmund miterlebt und mitempfunden, sowie die hörbare absolute Gleichzeitigkeit aus den Stadien, das gibt es nur im Radio! Man sieht mit den Ohren«, wie es Toni Schumacher ausgedrückt hat. In Sekundenbruchteilen – weltweit über Kurzwelle (vor allem über die »Deutsche Welle«) und in Deutschland über sämtliche Stationen der ARD.

Albträume

Als rasender Sportreporter hat man so seine ganz speziellen Albträume. Aber nicht, was Sie vielleicht denken: Ich habe keine Angst davor, dass der 1. FC Nürnberg wieder einmal absteigt. Oder dass der FC Schalke 04 schon wieder nicht Meister wird. Oder dass sich Gastgeber Deutschland bei der Fußballweltmeis-

terschaft 2006 blamieren wird. Nein, das jagt mir keine Angst ein. Und was den Nürnberger Club anbetrifft – manchmal frage ich mich, welche Gefahr geringer ist: die, dass der Club noch mal Meister wird, oder dass der FC Bayern München irgendwann einmal absteigt? Bevor eins von beiden je eintritt, wird wahrscheinlich eher Bayer Leverkusen, Schalke 04 oder der VfB Stuttgart Deutscher Meister. Bei Stuttgart und Schalke bin ich mir sogar fast sicher. Und es würde mich für beide Vereine und deren Anhänger freuen.

Nein, der FC Bayern wird also nie absteigen und der 1. FC Nürnberg wird wohl so schnell nicht wieder Deutscher Meister werden. Kein Grund also, Albträume zu haben. Aber es gibt ganz andere. Und in diesen Träumen habe ich stets das sichere Gefühl, es sei diesmal kein Traum: Immer wieder also habe ich den Traum, dass ich zu einem Fußballspiel, zu dem ich als Reporter eingeteilt bin, zu spät komme. Entweder habe ich den Einsatz ganz vergessen, oder ich bin zum falschen Stadion gefahren. Es kann auch vorkommen, dass man mich nicht hineinlässt (was tatsächlich schon vorgekommen ist). Manchmal irre ich auch in einem fremden Stadion umher und finde meinen Reporterplatz nicht (was ebenfalls schon vorgekommen ist). Oder es fehlt in meinem schweren Youcom-Koffer[11] plötzlich der Kopfhörer oder das Mikrofon oder das Netzkabel oder vielleicht das ISDN-Verbindungskabel oder das niedliche Überspielkabel für die Interviews oder der hässliche Schlüssel für den NTBA-Kasten. Wenn auch nur eine dieser sechs traumatischen Möglichkeiten eintritt, bin ich nach manchmal sechsstündiger Anreise komplett verloren.

Irgendwann wache ich dann gleichermaßen erschöpft wie verzagt auf. Danach dauert es immer einige Sekunden, bis ich realisiere, dass ich ja noch gar nicht unterwegs in ein Stadion oder eine andere Stadt bin. Und dass ich, wenn es denn so weit ist, hoffentlich alles dabeihaben werde. Aber vor der nächsten Reise nach Frankfurt, Hamburg, Berlin, Dortmund, Bielefeld, Köln oder Mönchengladbach zähle ich dann alles dreimal durch.

Meine Endspiele

Ob es sich um den Europapokal der Pokalsieger, den UEFA-Pokal, die Champions League-Trophäe, die Deutsche Meisterschaft, den DFB-Pokal oder ganz banal nur um die Rettung vor dem Abstieg handelt – »Endspiele« begleiten mich schon mein ganzes Leben. Manchmal glaube ich fast, es ist gut, sich auf jedes nächste Spiel wie auf ein Endspiel vorzubereiten, auch wenn es wieder verloren gehen sollte.

Beim Endspiel geht es um alles oder nichts. Wie am letzten Spieltag einer langen, aufreibenden Saison, also dem 34. Spieltag. An diesem Samstag spielen alle Vereine zur selben Zeit. Das an sich ist schon nervenzerreißend. Und wenn es dann noch um den einzigen Verein aus der eigenen Stadt geht, mit dem man jahrzehntelang beruflich und fast zwangsläufig auch emotional verbunden ist, dann ist es noch schlimmer. Sie merken schon, zunächst geht es bei meinen »Endspielen« um grauenvolle Abstiege – und damit um den Club.

Für den 1. FCN und damit für Nürnberg und die gesamte Region Franken ist fast jede Saison entweder eine Abstiegs- oder eine Aufstiegssaison. Wenige Ausnahmen bestätigen die Regel: etwa die Saison 1987/88 mit der überraschenden Qualifikation für den UEFA-Cup unter Trainer Heinz Höher und jene Saison im Jahre 1991/92 mit Platz sieben unter Trainer Willi Entenmann.

Aber selbst am letzten Spieltag der Saison 1987/88 war das 3:2 gegen den 1. FC Kaiserslautern ein richtiges Endspiel. Und erst nach Wuttkes Lattentreffer und dem darauf folgenden Schlusspfiff durfte der Reporter rufen: »Nürnberg grüßt Europa.«

Das mit den Endspielen gegen den Abstieg ging für mich als Reporter einmal sogar schon im November los. Es war das Spiel zu Hause gegen Arminia Bielefeld, als Norbert Eilenfeldt auf Flanke von Christian Sackewitz das Siegtor für die Arminia zum 0:1 vor dem Fan-Block 4 machte, der Trainer der Gäste Rehhagel hieß und sich nach dem Tor der Seinen wie wild vor der Bank der Nürnberger gebärdete und ich erstmals und noch dazu bereits am 14. Spieltag der Saison 1978/79 und wenige Monate nach dem ersten Wiederaufstieg am Mikrofon sagen musste: »Das ist vermutlich bereits der Abstieg«.

Wäre ich doch in München geblieben. Das hätte mir viel erspart. Vielleicht sogar mein Leben deutlich verlängert, wie Arnd Zeigler im Fußballmagazin *11 Freunde* geschrieben hat. Aber nein, meine Frau und ich, wir wollten 1964 ganz bewusst als Münchner in Nürnberg bleiben, hier heiraten und leben. Was wiederum nichts mit dem 1. FC Nürnberg zu tun hatte. Aber zwangsläufig begegnete ich dem Club. Und gute zwölf Jahre habe ich mich standhaft geweigert, in dieses Stadion zu gehen.

Es gab in dieser Zeit nur zwei Ausnahmen: Das erste Mal war zum Spiel des FC Bayern in deren zweitem Bundesligajahr im Dezember 1967. Bereits im März 1966 waren Beckenbauer und Co. erstmals in Nürnberg aufgetaucht. Aber damals kam gerade unsere erste Tochter zur Welt – in München. Dafür hat mir dann aber das Spiel am 2. Dezember 1967 für viele, viele Jahre gereicht. Es war die berühmte 3:7-Packung.

Fast vier Jahre später, im Frühsommer 1971, gab ich mir förmlich einen Ruck. Ich hatte mich als Nürnberger entschieden, dass der Club nach seinem Abstieg 1969 endlich wieder aufsteigen müsse. Schließlich wollte ich in einer so schönen Stadt auch Bundesligafußball sehen. Mit Bayern München, dem TSV 1860 München, dem VfB Stuttgart, der Eintracht Frankfurt und all den anderen bekannten Vereinen.

Ich kaufte mir für alle vier Heimspiele in der Aufstiegsrunde gleich je vier Karten. Ich würde schon drei Kumpel finden, die mitkämen. Die damaligen Gruppengegner waren der FC St. Pauli, Borussia Neunkirchen, Wacker 04 Berlin und Fortuna Düsseldorf. Ende Mai 1971 saß ich also mit meinen drei Spezis, einem Lehrerkollegen aus der Schule und zwei Kumpel aus meinem Fußballverein, sowie 75 000 Zuschauern auf der Gegengeraden in der Nähe der Nordkurve und des berüchtigten Blocks 4. Aber was musste ich mir da mit ansehen? Nürnberg verlor sang- und klanglos mit 0:2 gegen Fortuna Düsseldorf. Keiner bekam den Düsseldorfer Flügelstürmer Herzog in den Griff. Er machte beide Treffer. Mann, war ich sauer.

Nach einer zusätzlichen Auswärtsniederlage lag der Club gegenüber Borussia Neunkirchen und Fortuna Düsseldorf bereits ziemlich abgeschlagen auf dem letzten Platz. Aber noch fand ich zumindest zum zweiten Heimspiel drei Freunde und Kollegen, die mitkamen. Aber schon zum dritten Heimspiel kam nur noch einer freiwillig mit. Und das auch nur, weil ich ihn mühsam dazu überredet hatte. Die beiden anderen Plätze, für die ich bereits gezahlt hatte, blieben leer. Der 1. FC Nürnberg war einfach zu schlecht.

Beim letzten, dem vierten Heimspiel half gar nichts mehr. Längst war klar, dass irgendeine andere Mannschaft Gruppensieger und damit Aufsteiger werden würde. Und ich saß auf meinen drei teuren Karten. Nach meiner verlorenen Club-Wette aus dem

Frühjahr 1967 und dem Schockerlebnis mit dem 7:3 gegen Bayern München am 2. Dezember 1967 war das nun die dritte, höchst unangenehme Erfahrung mit diesem komischen Verein. Es hätte mir eigentlich eine Warnung sein sollen.

Beim letzten Spiel in der Aufstiegsrunde war das Städtische Stadion so gut wie leer. Aber es war gutes Wetter. Und da es auf der Gegengeraden sicher sonnig und vor allem leer sein würde, und wir dort ja getrost während eines völlig unbedeutenden Fußballspiels, das für beide Mannschaften nur noch einer Pflichtübung gleichkam, in aller Ruhe und Beschaulichkeit würden picknicken können, überredete ich meine Familie mitzukommen. Und wir erlebten tatsächlich einen netten Nachmittag. Beide Mannschaften standen fast nur rum, während wir auf der leeren Tribüne bei Kaffee und Kuchen Karten spielten. Damals hielt ich das für das Endspiel, sprich: meinen letzten Besuch in diesem Stadion. Ich ahnte zu diesem Zeitpunkt nicht, was ich gerade in diesem Stadion noch für wirkliche und auch schöne Endspiele würde miterleben dürfen. Erst recht ahnte ich nicht, dass dieses Stadion so etwas wie mein zweiter Arbeitsplatz, ja fast meine Berufsheimat werden sollte. 1971 stieg übrigens Fortuna Düsseldorf auf.

Jedenfalls blieb ich dieser für mich bis 1971 eher unheiligen Stätte abermals aus voller Überzeugung viele Jahre mit geradezu finsterer Entschlossenheit fern. Diesmal sollten es mehr als fünf Jahre werden. Erst im Spätsommer 1976 kam ich dann zurück – allein unserer anglophilen Tochter zuliebe. Denn es spielte ein englischer Verein, noch dazu Manchester United. Von diesem Zeitpunkt an näherte ich mich jedoch unaufhaltsam meiner Reportertätigkeit. Und über diesen Umweg und anfangs eher widerwillig, letztlich aber aus voller Überzeugung – dem Club.

Dieses späte Interesse am 1. FC Nürnberg ist für mich persönlich noch immer geprägt von einer journalistisch bedingten inneren Zerrissenheit.

Übrigens scheiterte Nürnberg 1974 erneut in der Aufstiegsrunde. Diesmal vor allem an Eintracht Braunschweig, dem Gruppensieger und Aufsteiger, aber auch an Wattenscheid 09, dem 1. FC Saarbrücken und abermals Wacker 04 Berlin. Zwei Jahre später verlor man beide Relegationsspiele – und zwar gegen Borussia Dortmund.

Beim Club war fast jedes Spiel ein kleines »Endspiel«. Soweit ich mich erinnern kann, und das sind jetzt schon fast 400 Spiele in fast drei Jahrzehnten. Im Grunde genommen ging es immer entweder um den Aufstieg oder um den Kampf gegen den Abstieg. Ich kann mich an genau vier Heimspiele erinnern, bei denen es in Nürnberg für den Club nicht um alles oder nichts ging. Natürlich waren das logischerweise jeweils auch meistens die letzten Spieltage einer aufreibenden Saison. Nur vier in fast dreißig Jahren.

Einmal konnte sich der 1. FCN gegen Cottbus am letzten Spieltag ein 3:3 leisten. Das war in der Saison 1997/1998 unter Trainer Felix Magath in der Zweiten Liga. Man hatte bereits im Spiel vorher mit einem 1:1 bei den Stuttgarter Kickers den Aufstieg perfekt gemacht. Das gelang damals nur deshalb, weil am selben Tag der Tabellenvierte Gütersloh gegen Cottbus nur Unentschieden gespielt hatte. Überhaupt: Felix Magath – unglaublich, was dieser Trainer beim 1. FCN bewirkt hat: In der Aufstiegssaison 1997/98 holte er zwischen dem achten und dem zwanzigsten Spieltag von 39 möglichen Punkten doch tatsächlich 34! Das war damals der Grundstock für den Aufstieg gewesen.

Das andere Mal wurde 2001 der Aufstieg sogar schon im vorletzten Heimspiel, also drei Spieltage vor Schluss der Saison, perfekt gemacht. Man gewann unter Trainer Klaus Augenthaler 1:0

gegen Mainz (Torschütze Hobsch). Danach siegte man dann noch in Aachen 1:0, verlor aber am letzten Spieltag vor beinah ausverkauftem Haus gegen den FC St. Pauli mit 1:2. Wodurch St. Pauli neben dem Club und Mönchengladbach der dritte Aufsteiger wurde. Waldhof Mannheim verpasste trotz eines 4:0 in Mainz leider knapp den Aufstieg.

Ein drittes Mal konnte man sich in der Saison 2003/04 gegen Oberhausen eine 1:3-Niederlage leisten, ebenfalls am letzten Heimspieltag. Denn man war bereits im letzten Auswärtsspiel in Bielefeld erfolgreich gewesen. Und davor hatte man Alemannia Aachen eindrucksvoll mit 3:0 besiegt. Es war für mich jedes Mal ein ganz ungewohntes Gefühl, einmal nicht einem »Endspiel« beizuwohnen.

Das vierte Mal war am 21. Mai 2005. Zwei Wochen davor hatte man den VfL Bochum in einem vorgezogenen Endspiel glücklich und knapp mit 1:0 bezwungen. Nach einem blamablen 3:6 eine Woche später in München beim letzten Fußballspiel im Olympiastadion sollte zumindest das letzte Saisonspiel im Frankenstadion ein Festtag werden. Hieß es. Doch eine äußerst langweilige Partie und eine 1:2-Niederlage gegen den tollen Mitaufsteiger FSV Mainz 05 verdarb allen gründlich die Laune.

Ganz anders liefen dagegen die Spiele, die ich als Reporter beim FC Bayern München oder auch beim TSV 1860 München und bei der SpVgg Unterhaching übertragen durfte. Das war eine regelrechte Erholung. Dort wusste man meistens, von diesem einen Spiel hängt nicht alles ab. Doch auch in München oder Unterhaching saß ich bei »Endspielen« am Mikrofon. Etwa im Olympiastadion am letzten Heimspieltag im Mai 2004. Die Münchener Löwen spielten gegen Hertha BSC und gegen den Abstieg. In der vorletzten Minute stürzte ein verschossener Elfmeter (Kioyo) die Löwen in das »Tal der Tränen«. Damals rettete sich Hertha BSC. Oder eine Woche vorher: Im vorletzten Heimspiel triumphierte der SV Werder Bremen in München mit 3:1 – und warf damit die mitunter etwas großmäuligen Münchner Konkurrenten aus dem Rennen.

Doch auch in den Jahren davor gab es denkwürdige Begegnungen: Am letzten Spieltag der Saison 1999/2000 etwa, als Bayer Leverkusen durch Ballacks Eigentor in Unterhaching auf die Verliererstraße geriet und den FC Bayern doch noch zum Meister machte. Die Bayern spielten zeitgleich nur etwa zehn Kilometer Luftlinie entfernt gegen Werder Bremen. Leverkusen verlor letztlich sogar 0:2 bei den Unterhachingern, die jene Saison als Aufsteiger auf einem zehnten Platz bravourös beendeten.

Dann war da noch der 19. Mai 2001. Auch das war ein letzter Spieltag mit vielfachem Endspielcharakter – sowohl, was den Kampf um die Meisterschaft als auch, was den Kampf um den Klassenerhalt anbetraf. Die Hachinger spielten an diesem Tag bravourös auf und führten in Gelsenkirchen gegen den FC Schalke 04 zunächst mit einem Tor (Breitenreiter in der 3. Minute) und dann sogar mit zwei Toren Vorsprung (Spizak in der 26. Minute). Nach dem Anschlusstreffer und dem Ausgleich der Knappen, konnten die Hachinger in der 69. Minute schon wieder in Führung gehen. Seifert schoss damals das 3:2.

Zur selben Zeit stolperte im Münchner Olympiastadion die Mannschaft des TSV 1860 München vor sich hin. Der Gegner war der stark abstiegsgefährdete FC Energie Cottbus. Der führte durch ein Tor von Labak bereits seit der 25. Minute mit 1:0. Seit diesem Zeitpunkt zeigten die Blauen überhaupt keine Bereitschaft mehr, das Spiel zu drehen. Wir alle im Stadion hatten den Eindruck, dass man gar nicht siegen wollte. Man gab das Spiel gegen die aufopferungsvoll kämpfenden Lausitzer einfach verloren.

Als Reporter im Olympiastadion habe ich damals mehrfach meinem Unmut wegen dieser unsportlichen Haltung der Löwen – gerade gegenüber den Hachingern – sehr deutlich Luft gemacht.

Am folgenden Mittwoch stellte die *Sport Bild* unter der Schlagzeile »Abstiegs-Skandal« die provokative Frage: »Spiel mit Absicht verloren?« Jedenfalls rettete sich Cottbus durch das 1:0 bei den gastfreundlichen Münchnern. Die dritte Münchner Mannschaft in der Bundesliga, jene von der SpVgg Unterhaching, hatte sich unterdessen – und in Kenntnis des Spielstandes im Olympiastadion – auf Schalke mit 3:5 geschlagen geben müssen.

Damals konnte sich die Mannschaft von Huub Stevens genau vier Minuten als neuer Deutscher Meister fühlen. Zeitgleich führte der Hamburger SV nämlich gegen die Bayern plötzlich durch ein Barbarez-Tor in der 90. Minute mit 1:0. Doch das Spiel war noch nicht zu Ende. Wegen Bananen im Strafraum von Oliver Kahn und dessen gemütlicher Aufräumaktion hatte man dort nämlich ein paar Minuten später angepfiffen.

Und so lief in Hamburg das Spiel noch, als auf Schalke etwas voreilig nach dem Sieg über die Münchner Vorstädter bereits ausgelassen gejubelt wurde. In der zweiten Nachspielminute unterlief den Hanseaten ein aus Sicht des Schiris unerlaubter Rückpass zu Torhüter Schober. Markus Merk entschied auf einen indirekten Freistoß für Bayern im Strafraum. Der Ball wurde von Andersson getreten, schlüpfte durch die Mauer und brachte den Profis von Trainer Ottmar Hitzfeld den Ausgleich und in allerletzter Sekunde den Titel.

Armes Schalke! Als ich damals einen sicher mehr als enttäuschten Manni Breuckmann auf Schalke rufen und trösten will, ist von ihm zunächst nichts mehr zu hören. Erst nach einem weiteren

Ruf nach Hamburg und meiner wiederholten Frage, was denn jetzt in Schalke los sei, kann man den armen Manni wieder hören. Allerdings sollte man nicht vergessen, dass den Bayern Janckers Tor aus der 61. Minute zu Unrecht aberkannt worden war.

Natürlich gab es auch herrliche Bayern-»Endspiele« um die Deutsche Meisterschaft im Olympiastadion. Beispielsweise der 14. Titelgewinn am 24. Mai 1997 mit einem grandiosen 4:2 gegen den VfB Stuttgart. Und mit einem Tor nach Reporter-Ansage (»Witeczek, da kann man doch schießen!«) aus dem Mittelfeld. Eine herausragende Stellung nehmen natürlich die Champions League-Finalspiele ein. Vor allem der Titelgewinn am 21. Mai 2001 in Mailand mit der hervorragenden Torhüterleistung von Oliver Kahn beim Elfmeterschießen. Damals hatte ich mich sogar zu dem kühnen Ausspruch hinreißen lassen: »Hier gewinnt der FC Oliver Kahn.«

Persönlich erinnere ich mich in besonderem Maße an das Max-Morlock-Endspiel 1968. Damals trat ich als Trainer mit meinen Schülern von der Adalbert-Stifter-Schule aus Nürnberg-Langwasser im Städtischen Stadion in Nürnberg an. Leider verloren meine Jungs um den Rosenmüller Karl Heinz, den Schuffenhauer Dietrich, die Brüder Conrad Helmut und Conrad Gerhard, den Hanuschik Dieter unglücklich in der Verlängerung. Danach gab es für mich und meine Schüler aber eine wunderbare Begegnung mit dem unvergessenen Max Morlock.

Das allererste »Endspiel« überhaupt, das ich als Zuschauer in einem Stadion miterleben durfte, war das um den Europapokal der Pokalsieger zwischen Bayern München und den Glasgow Rangers. Es fand im Mai 1967 ebenfalls im Städtischen Stadion in Nürnberg statt. Gerd Müller spielte mit einer Ledermanschette an seinem gebrochenen Handgelenk. »Bulle« Roth machte in der Verlängerung das entscheidende Tor. Es war einfach nur schön, und alle im Stadion waren für die Bayern – außer meinen schwer alkoholisierten Nebenmännern aus Glasgow. Und dann das WM-Endspiel 1974 in München: Deutschland gegen die Niederlande. Auf der Gegengeraden, etwa auf der Höhe des Sechzehners, vor der Südkurve, war ich live dabei. Etwa dort, wo gegen Uli Hoeneß der Elfmeter gepfiffen wurde.

Mein erstes Endspiel als Reporter war ein Relegationsspiel um den Bundesligaaufstieg. Am 2. Juni 1978 spielte der 1. FC Nürnberg gegen Rot-Weiß Essen. Es war ein Freitagabend, und Hans Walitza, den ich von den B-Schein-Lehrgängen des Bayerischen Fußball Verbandes kannte, köpfte den Ball zum entscheidenden 1:0 für Nürnberg ins Tor vor der Südkurve. »Sie kommen gerade richtig«, rief ich ins Mikrofon, als Fritz Hausmann während einer WM-Live-Schaltung aus Argentinien Nürnberg rief, »denn hier ist in dieser Sekunde ein Tor gefallen, raten Sie mal, für wen: Walitza hat das 1:0 für den FCN geköpft.«

Das vielleicht schönste Endspiel aber war jenes, als der Club am ersten Junisonntag im Jahre 1985 gegen Hessen Kassel im »Städtischen Altbaustadion« durch Tore von Dieter Eckstein und Thomas Brunner mit 2:0 gewann. Mein damaliger Schulleiter Rudolf Bernreuther war an jenem Tag in meiner engen Radiokabine mein Assistent hinter der Glasscheibe. Kassel war als Tabellenführer am letzten Spieltag, sozusagen dem Endspieltag der Saison 1984/1985, wirklich mindestens ebenbürtig und hätte kurz vor Brunners Kontertor um ein Haar – und das mit nur noch zehn Mann – sogar das 1:1 geschafft. Das hätte Kassel genügt, um 1985 in die Bundesliga aufzusteigen. Doch der überragende Nürnberger Tormann Herbert Heider konnte ausgezeichnet parieren. Zwanzig Jahre später kämpft Hessen Kassel in der Oberliga Hessen gegen Viktoria Aschaffenburg, den FSV Frankfurt und Vereine wie Ober-Roden um den Klassenerhalt.

Verpfiffen

Nein, das hätte ich wirklich nicht für möglich gehalten. Es hat mich kalt erwischt. Es war ohnehin ein Tag, an dem ich stocksauer war. Am Samstag des Rückrundenbeginns 2005 spielte der Club miserabel gegen einen stark ersatzgeschwächten 1. FC Kaiserslautern und verlor entsprechend. Schon lange bevor die Lauterer in Führung gingen, hatte ich vorausgesehen, dass der Club dieses Spiel verliert, und es noch in der ersten Hälfte laut ins Mikrofon gesagt. Danach wurde ich überraschenderweise in der gesamten Rückrunde vom BR nicht mehr zu einem Heimspiel der Nürnberger eingesetzt. Noch am selben Abend kamen die Meldungen, dass es Betrugsvorwürfe gegen einen Schiedsrichter gäbe. Dass in dieser schnöden Welt oft nicht die Leistung zählt, sondern immer häufiger Beziehungen, Bestechungen subtilster Art, daran hat man sich leider gewöhnt. Aber ich habe mir immer eingeredet, dass da der Fußball wenigstens vergleichsweise sauber ist. Da sieht man alles. Da wird alles gepfiffen. Natürlich wird oft auch falsch entschieden – aber das ist dann halt menschlich.

Aber absichtliches Verpfeifen? Nie und nimmer! Ich war der festen Überzeugung: Das gibt es nicht. Aber mittlerweile bin ich klüger. Nun ist auch der Fußball nicht mehr das, was er für mich mal war. Wie so vieles. Leider. Dennoch finde ich es scheinheilig, dass ausgerechnet Politiker eine schonungslose Aufklärung fordern. Wo sind denn die Menschen, die uns vormachen, wie man krumme Dinger dreht? Wie man sich einkauft, wie man unter falschen Voraussetzungen Vorauswahlen manipuliert? Wie man sich nach Gutdünken eigene Gesetze schafft und diese jeweils zum eigenen Vorteil auslegen lässt? Nein, ich bin bedient. Restlos bedient. Wobei ich keine Partei ausnehme, damit wir uns richtig verstehen, liebe Freunde der Sonne.

Bedauerlich ist vor allem, wie der DFB reagiert hat. Oder genauer gesagt: nicht reagiert hat. Mehr als fünf Monate nach den klaren Hinweisen des Wettanbieters fängt man an zu ermitteln. Das will mir nicht in mein Resthirn. Ich befürchte, dass wir – ähnlich wie in der Politik – wieder nur das erfahren werden, was man nicht mehr leugnen kann. Das entsetzt mich. Wir leben offenbar in einer Welt, in der nur noch Geld und Macht, Einfluss und Aussehen, schöner Schein und verkrampfte Witzigkeit zählen. In der sich ein stumpfsinniges Publikum in Fernsehbaracken verfrachten lässt, um dort auf Kommando zu klatschen, nur um sich selbst im Monitor betrachten zu können. Den Spiegel zu Hause scheuen und meiden sie.

Eigentlich ist es kein Wunder, dass in so einer Welt junge Menschen den Verlockungen des großen Geldes erlagen. Aber das ist ein Makel, den der deutsche Fußball nicht mehr loswerden wird. Ein Makel, von dem man bisher dachte, den gäbe es nur in Osteuropa oder in Italien. Oder irgendwo in Honolulu oder auf den Bahamas. Solchen Schmutz kann man auch nicht mehr per Mehrheitsbeschluss vom Verbandstisch fegen.

Dennoch wird uns den sauberen Fußball, den es auch noch gibt, übrigens auch in der Bundesliga, keiner nehmen. Vor allem aber natürlich, wenn wir selbst kicken: montags, dienstags, mittwochs, donnerstags, freitags, sonntags oder samstags, wo und wann auch immer. Da habe ich noch nie erlebt, dass ein Spiel manipuliert wurde.[12]

Früher hatte man den Eindruck, dass die Spieler fast darauf hofften, auch mal zum Interview ausgewählt zu werden. Denn man war im Stadion – neben der einen Kamera von dem einen Fernsehsender – der einzige Reporter mit dem einen Mikrofon von dem einen öffentlich-rechtlichen Rundfunksender. Das war in der Zeit vor dem Privatfernsehen.

Heutzutage haben sich die Vorzeichen drastisch verändert. Inzwischen liegt das Interview irgendwo zwischen Nahkampfübung und Bettelei. Viele Spieler sind weder bereit, stehen zu bleiben, noch lassen sie sich sinnvolle Antworten einfallen. Natürlich sind auch wir Reporter oft nicht in der Lage, etwas Vernünftiges zu fragen. Das liegt aber auch am Überraschungseffekt: Man weiß vorher oft nicht, wer überhaupt zum Gespräch bereit sein wird. Deshalb muss ich da einfach um Nachsicht bitten.

Ich nenne das seit Jahren »O-Ton-Betteln«. Ganz drastisch ist es unter der Woche. Dann, wenn man O-Töne für Kurzzusammenfassungen in den Magazinsendungen benötigt. Vor allem die jungen Kollegen müssen deshalb zum Training. Ich beneide sie um diese Aufgabe wirklich nicht. Persönlich war ich früher oft genug selbst O-Ton-Bettler. Heute interviewe ich noch bei Bundesliga-Auswärtsspielen und auch beim Abschlusstraining vor Champions League-Auswärtsspielen. Aber auch als Sammler mit der Sammelbüchse der Inneren Mission auf der Straße, als Verkäufer der Obdachlosenzeitung *Straßenkreuzer* oder gar als Wahlkämpfer 2003, als ich mit einer Genossin von Tür zu Tür ging, um ihr in ihrem Stimmkreis zu helfen, habe ich solche Erfahrungen gemacht. In den Nachkriegsjahren hatte mich meine Mutter mit zum »Hamstern« in die Bauernhöfe am Chiemsee genommen. Dort bekamen wir dann Brot und manchmal auch frische Butter.

Das war befriedigender als die häufig austauschbaren, nichtssagenden O-Töne von heute.

Die Sprache der Reporter

Noch wichtiger als die Stimme ist natürlich die passende und vor allem korrekte Sprache des Reporters. Jahrelang habe ich deshalb an mir gearbeitet. Immer wieder habe ich versucht, neue sprachliche Mittel einzusetzen oder gar zu erfinden, um das Geschehen auf und um das Fußballrechteck für die Radiohörer noch plastischer zu machen. Gleichzeitig muss man natürlich auch permanent bemüht sein, abgedroschene und nichts sagende Floskeln oder persönliche Lieblingsformulierungen zu vermeiden.

Interessant ist in diesem Zusammenhang, wie eingeschränkt unsere sprachlichen Mittel im Deutschen sind – vor allem dann, wenn wir sie mit den unweit griffigeren, blumigeren und klangschöneren englischen Ausdrücken und Redewendungen vergleichen: »Blocked by«, »challenged by«, »good run by«, »unlucky«, »what a save«! Wehe aber, wenn man versucht, diese Begriffe ins Deutsche zu übersetzen. Dabei beschreibt jeder Einzelne dieser Ausrufe, die alle aus höchstens drei, meistens aber sogar nur aus ein bis zwei Worten bestehen, die jeweilige Situation derart plastisch, dass man die englischen Reporter dafür nur beneiden kann.

Neun bis neunzig Sekunden dauert ein Spiel

Von wegen: Ein Spiel dauert neunzig Minuten. Dass ich nicht lache.

Höchstens neun Sekunden entscheiden ein ganzes Spiel von neunzig Minuten Länge. Neunzig Minuten passiert oft fast gar nichts. Flanke hier, Flanke da. Hinters Tor hier. In die Arme des Torhüters dort. Abstoß hier, Abschlag dort. Ball im Aus. Keiner will einwerfen. Muss sogar wiederholt werden. Schiedsrichter zeigt, wie wichtig er ist. Jetzt kommt auch noch der Linienrichter mit dem Fähnchen angewedelt.

Langweile, dein Name ist Fußball. Ja, auch das ist Fußball, und oft genug vergeht so der Großteil der neunzig Minuten, für die man teures Geld gezahlt, derentwegen man auf eine Radtour mit Biergartenbesuch oder gar auf ein Rendezvous verzichtet hat. Das sind dann die Momente, in denen Frauen zu Hause vor dem Fernseher einschlafen. Und die Männer im Stadion beginnen, über die Frauen zu reden, wenn auch nicht immer über die eigenen. Oder sie reden über den Job. Oder über den Urlaub, andere, bessere Spiele oder übers Wetter.

Doch dann, wie aus heiterem Himmel passiert es: eine Steilvorlage auf links, Rückpass, Querpass, Dribbling, Schuss aus der Bedrängnis, abgefälscht, an die Latte, Nachschuss und Tor! Einfach so. Handgestoppt waren das im besten Fall vierzig Sekunden. Dann passiert wieder lange nichts. In der zweiten Hälfte gibt es einen Freistoß für die gegnerische Mannschaft. Gerade noch auf der Linie abgewehrt. Mit langwieriger Vorbereitung, Maueraufbau und Herstellen des halbwegs korrekten Abstands von 9,15 Metern zum Ball. Noch mal dreißig Sekunden. Schlussendlich noch drei bis vier knappe und deshalb strittige Abseitsentscheidungen. Das war's dann auch schon. Und das reicht für einen zusammengestückelten Fernsehbericht von vier bis fünf Minuten, garniert mit einer halbwahren Randgeschichte.

Das ganze Drumherum wie Taktik, Verletzungen, Bodenverhältnisse, falscher oder richtiger Wechsel wird dann in der anschließenden Pressekonferenz abgefeiert, als handle es sich dabei um weltbewegende Informationen. Aber so haben wenigstens die armen O-Ton-Bettler von den Zeitungen und Privatradios was zum Nachbeten.

Wenn man es ganz genau nimmt, sind es oft wirklich nur neun Sekunden, in denen der Ball die entscheidende Drehung in eine Richtung macht. Bei guten und spannenden Spielen sind es maximal neunzig Sekunden, die über Wohl und Wehe, Sieg oder Niederlage, Aufstieg oder Abstieg entscheiden. Sekunden, wohl gemerkt und nicht Minuten, die alles entscheiden. Alles andere ist Makulatur, Bewegungstherapie, Rechtfertigung, Schnickschnack, Volkstheater, taktisches Geplänkel, Fernsehfutter und Verpackung für Randberichterstatter.

Jedenfalls oft und, wie mir scheint, in letzter Zeit leider immer öfter – vor allem in der Bundesliga.

Wirklich entscheidend sind diese neun Sekunden: Geht der Ball nun rein oder nicht, geht er von der Unterkante der Latte ins Tor oder nicht, springt er vom Pfosten unserem Mann oder dem Gegner vor die Füße? Aber entscheidend ist nicht nur, was der Ball sagt und tut. Natürlich sind auch die Entscheidungen des Schiedsrichters wichtig. Denn diese Herren sind auf dem Platz die Allmächtigen. Man kann es drehen und wenden, wie man will: Die Spieler, die Mannschaft, der Trainer, sie alle können noch so gut vorbereitet und in Form sein – wenn der Ball und der Mann mit der Pfeife nicht mitspielen, gibt es nichts zu gewinnen. Aber alles zu verlieren.

Das sind die wahrhaft Allmächtigen. Gegen die Macht der Schiedsrichter, ich sage nur »Tatsachenentscheidung«, verblasst selbst die eines Chefarztes, Schulleiters oder Chefredakteurs. Denn diese sind vergleichsweise gut kontrollierbar oder mit sanftem Anzeigen-Druck zu beeinflussen. Aber, wenn der Schiedsrichter eine Abseitsposition nicht pfeift und daraufhin ein Tor fällt, dann ist das Spiel innerhalb von wenigen Augenblicken entschieden. Ähnlich verhält es sich bei den »Ermessensentscheidungen« über absichtliches Handspiel, Vorteil oder Foul.

Wir werden immer mit den Fehlern der Unparteiischen leben müssen. Aber machen wir uns nichts vor: In diesen wenigen Sekunden einer Schiedsrichterentscheidung werden auch die Spiele entschieden. Nur gut, dass die Schiedsrichter langsam einsehen, dass die Zuhilfenahme von Videobeweisen und auch die Zurücknahme erkannter Fehlentscheidungen nach Rücksprache mit dem Assistenten allen helfen. Am 27. Februar 2005 machte es Schiri Dr. Franz Xaver Wack in Leverkusen beim Spiel gegen den VfB Stuttgart vor: Er korrigierte zwei Fehlentscheidungen, indem er mindestens einmal auf den Video-Würfel in der BayArena schaute. Ja, warum auch nicht? Bravo und wacker, Dr. Wack, kann ich da nur sagen.

Wo seid ihr geblieben?

Ja, wo seid hr geblieben? FK Pirmasens, FC Homburg, Darmstadt 98, FC Augsburg, SSV Ulm 46, Preußen Münster, Freiburger FC, FV Würzburg 04, Kickers Würzburg, KSV Baunatal, Hessen Kassel, VfR Bürstadt, Spielvereinigung Bayreuth, ESV Ingolstadt, MTV Ingolstadt, FC Carl Zeiss Jena, Wacker 04 Berlin,

FC St. Pauli, 1. FC Schweinfurt 05, FC Bayern Hof, Wormatia Worms, FSV Frankfurt, Kickers Offenbach, Viktoria Aschaffenburg, 1. FC Passau, FC Kronach, VfB Helmbrechts, TSV Trebgast, FC Sand, SpVgg Weiden, FC Amberg, SV Waldhof Mannheim, Jahn Regensburg, SpVgg Plattling, ASV Burglengenfeld, ASV Sassanfahrt, Stuttgarter Kickers.

Mit den meisten dieser Vereine hatte ich als Reporter zu tun. Oft sogar live am Mikrofon des Bayerischen Rundfunks. Das war in einer Zeit, als es noch keine Privatradiostationen gab und sich der BR mit einer eigenen Sendung »Sport-Regional« auch um die kleineren Vereine in der Region kümmerte. Leider spielen fast alle der eben genannten Vereine längst nicht mehr in der ersten oder in der zweiten Bundesliga, ja viele nicht einmal in der dritten Liga.

Wo also seid ihr geblieben? Gerade die bayerischen Vereine – die beiden Würzburger (die Kickers und die 04er), die beiden Ingolstädter (ESV und MTV), »die Altstädter« von der Spielvereinigung Bayreuth, der FC Bayern Hof, die Viktoria Aschaffenburg und der 1. FC Schweinfurt 05, ganz zu schweigen vom FC Augsburg, zumal ich dort mein erstes Länderspiel 1986 übertragen durfte – sie fehlen mir doch sehr zu meinem früheren Fußball-Glücksgefühl.

Leider kann ich gegenwärtig nicht glauben, dass sie irgendwann wieder mal aufsteigen und eine bedeutendere Rolle spielen als das im Moment der Fall ist. Einzig der FC Augsburg macht mir noch Hoffnung, in die 2. Bundesliga aufzusteigen. Und die Altstädter aus Bayreuth, dass sie demnächst wenigstens wieder drittklassig sind und dann in der Regionalliga in Gelb und Schwarz auflaufen werden.

Vielleicht gelingt es manchen von ihnen, wenn sie fusionieren, so wie das in Ingolstadt bereits geschehen ist. Schöne Grüße von dieser Stelle aus aber an all diese Vereine und unzählige andere »verschollene«, etwa den VfR Mannheim, die das Fußball-Gewerbe zwar nicht ganz aufgefressen hat, aber zumindest unbedeutender gemacht hat. Vielleicht sind sie dennoch oder gerade deswegen heute finanziell gesünder und zufriedener als früher? Wünschen wir es ihnen wenigstens!

Erst sterben die Bäume, dann die Stadien – und am Ende der Fußball

Eine schöne Zeit geht langsam zu Ende. Der Fußball verabschiedet sich – zwar noch nicht ganz, aber er scheint auf dem besten Wege dazu. Zunächst stirbt das Fußballstadion langsam aber sicher seinen kommerziellen Tod. Das Leben vor und nach dem Tod heißt hier »Arena«. Erst gingen die Stehplätze verloren, dann die Stadien.

Eigentlich muss man, gerade als Deutschlehrer, größte Bedenken gegen schreckliche Begriffsbildungen und »Unwörter« pflegen. Aber im nachfolgenden Fall begrüße ich den hässlichen Ausdruck, weil er Hässliches erst so richtig deutlich macht: »Versitzplatzung.« Da platzt einem doch gleichermaßen zeitgleich Hosennaht und Kragen, wenn man mit dem Hinterteil an einer engen kalten Plastikschale klebt oder in Geschäftssitze (»Business-Seats«) gezwungen wird, die letztlich von der Allgemeinheit finanziert werden müssen. Wehe aber auch, wenn des Nachbarn Gesäß etwas zu ausladend ist. Dann werden Erinnerungen an billige Charter-Urlaubsflüge in der Holzklasse der sechziger Jahre wach.

Auf den Stehrängen konnte man wenigstens noch ausweichen. Oder sich mit Körpereinsatz Platz verschaffen. Vielleicht nur ein schwacher Trost: Viele der neuen, sich einkaufenden und eingekauften Fußballkonsumenten mit breiten bis ausgeleierten Sitzflächen brauchen die teuren Sitze für ihr kleines Ego – inklusive Zugangsberechtigung mit Armbändchen verschiedener Güteklassen zum so genannten Hospitalitybereich, also zur gläsernen Futterhalle gleich in der Arena oder angeklebt ans Stadion. Und für den stadionnahen Parkplatz dieser eher unsportlichen Klientel wird dann schon mal ein großes Stück grüne Wiese geopfert.

Die kommen dann mühsam aus dem Leasing- oder Firmenwagen gekrochen. Noch gut eine Stunde bis zum Spiel. Aber das große Fußballfressen in drei Etappen kann beginnen: Vor dem Spiel – kräftig Futtern. In der Pause – Futtern und Trinken. Und nach dem am Rande stattfindenden Spiel – Trinken und Schlemmen in der angebauten Futterhalle. Um die besten Plätze am Trog wird schon vor dem Abpfiff gekämpft. Im Vergleich zu dieser Volksküche wirken selbst Bahnhofshallen noch wie gemütliche Eckkneipen.

Das große Fressen und Bussi-Bussi-Geben der Goldkettchenträger und der geschminkten Aufgebrezelten wird begleitet von regem Quell- und Zielverkehr zu den Bedürfniscontainern (alias Toiletten) – zum Nachschminken und zur Medikamentenaufnahme. Das Fußballspiel unten auf einem Verschieberasen wird kaum wahrgenommen. Es ist eigentlich nur Mittel zum Zweck, um den anderen zu zeigen, dass man kein Fan ist, sondern Kleinaktionär und Sponsor. Die romantischen Bilder von den letzten fahnenschwenkenden Fans hinter zwei kurzfristig aufgestellten Fußballtoren findet man lustig. Distanziert, ja amüsiert blickt man hinter Glas auf sie herab. Die Speise- und die Getränkekarte der Fressbegegnung kennt man oft viel besser als die Aufstellungen der Fußballgeschäftsleute und Ich-AGs – früher »Mannschaften« – dort unten auf dem noch grünen Rasen.

Alles hat sich verschoben. Oder wird verschoben: Wie der traurige Rasen, der in »Arena AufSchalke« wie Leergut aus dem Stadion rausgefahren und wochenlang in eine Parkgrube gelegt wird. Weil er nur alle vierzehn Tage benötigt wird. Der Ball, der keinen Himmel mehr sehen und keine Luft mehr riechen oder gar atmen darf. Vor allem, wenn alle zwei Wochen die Balltreter mal vorbeikommen, um als Söldner und Unternehmer mit wechselndem Arbeitgeber, Sponsor sowie Finanzamt und vorübergehendem Wohnsitz die Ware Fußball zu verkaufen.

Die Geister, die der Fußball rief, wird er nun nicht mehr los. Erst verkaufte man das Fußballspiel, dann die Fußballspiele (an das tumbe Fernsehen, aber nicht nur an das) – und jetzt hat man schon bald alle Fußballstadien verkauft und in hässliche Mehrzweck-Verkaufs-Arenen umgewandelt. Die sehen aus wie Urlaubsdampfer ohne Rettungsboot. Fluchtwege gibt es so gut wie keine. Im Frühjahr 2005 begab ich mich auf eine ganz private Abschiedstour durch vier Stadien, die es bei Erscheinen dieses Buches nicht mehr in dieser Form oder zumindest nicht mehr unter diesem Namen geben wird.[13] Die Reise führte mich von Nürnberg über München nach Gelsenkirchen und von dort wieder zurück nach Nürnberg und nach Fürth.

Am Dienstagabend war der internationale Abschied aus dem Olympiapark mit den vielen schönen Bäumen, Hügeln, Seen und Wiesen um das Olympiastadion. Sie alle konnte ich jahrzehntelang sogar während der Spiele von meinem Reporterplatz bewundern. Vor wenigen Jahren flogen während eines Champions League-Spiels der Bayern genau zwölf vom Flutlicht weiß angestrahlte Graugänse durchs Stadion, und alle Kollegen und Zuschauer hatten was zu lachen, zu schreiben und zu fotografieren. Unvergessen ist auch die Einlage von Torhüter Sepp Maier, als er vergeblich versuchte, eine Flugente zu fangen. Die hatte sich während des Spiels neben dem Strafraum niedergelassen. Die Bäume, die Luft, der Blick hinauf in die Wolken, in den Regen, zu den Schneeflocken oder zum Firmament mit strahlendem Sonnenschein – sie werden mir fehlen.

Nach dem Abschied aus dem Münchner Olympiastadion mit dem letzten Champions League-Spiel – der FC Bayern schied im Viertelfinal-Rückspiel gegen die vom Öl-Milliardär Abramowitsch zusammengekaufte Startruppe FC Chelsea London aus – ging es am nächsten Tag zunächst ins mondäne Düsseldorf. Dann holte mich eine Filmagentur ab und brachte mich nach Gelsenkirchen. Und am nächsten Morgen besuchten wir die leere Arena AufSchalke, samstags Spielstätte des FC Schalke 04. Heute klafft dort, wo sonst der Rasen ist, eine kahle, leere Betonwanne. Es erinnert mich unweigerlich an ein Massen-Fußball-Grab.

Hier wird der Fußball begraben. Und in wenigen Wochen, sagte mir der Taxifahrer in Düsseldorf auf der Rückfahrt zum Flughafen, verkauft auch dieser ehemalige Traditionsverein – übrigens trotz anderslautender Versprechen – den Namen des Stadions an eine Bierfirma. Schulden. Gekickt wird dann in einer großen Fußball-Bierhalle, in der aber auch schon mal Skilanglauf oder Volksmusik stattfindet. Der Rasen bleibt traurig und allein draußen vor der Tür, dort wo er nach dem Spiel hingefahren wird. Wenigstens ist er dort dem normalen Wetter ausgesetzt.

Damit der Rasen in der neuen Fußball-Arena im Norden Münchens nicht erstickt, hat man die weitgehend geschlossene Beton- und Plastikhalle hoffentlich schön luftdurchlässig gemacht. Eine kostenaufwendige hydraulische Verschiebung des Rasens auf Teflonschienen für je 8000 Euro pro Vorgang wie auf Schalke geht hier schon aus Raumgründen nicht. Fragt sich nur, ob dann nicht zu viel Zug auf den Sitzplätzen für empfindliche Rücken und Mieder herrscht. Am Donnerstagabend fahre ich aus dem Westen zurückgekommen und wieder gelandet, durch Nürnberg. Wie fast jeden Tag fahre ich dabei bewusst am Frankenstadion vorbei. Hier gibt es noch einen richtigen glücklichen Stadionrasen, der von oben und von den Seiten ausreichend Luft, Licht, Sonne, Wind und Regen bekommt. Zeit zum Durchatmen.

In wenigen Tagen wird das Frankenstadion nach dem Umbau für den Confederation Cup und die Weltmeisterschaft zum wiederholten Mal eingeweiht. Aber auch hier droht der neue »Betreiber« zumindest indirekt mit einer Umbenennung des Stadions. Ob dann noch viel von Franken und vom Frankenstadion übrig bleibt? Nur gut, dass in Nürnberg unmittelbar neben dem Frankenstadion schon seit Jahren eine andere »Arena« für Eishockey und Musikantentreffen steht. So bleibt einem wohl wenigstens hier diese Bezeichnung erspart.

Am Freitag fahre ich nach Fürth zum Punktspiel SpVgg Greuther Fürth gegen Dynamo Dresden. Hier heißt die Spielstätte, der bis vor Jahren noch von 35 herrlichen Pappeln umsäumte frühere »Ronhof«, auch schon längst nach Umbau »Playmobil-Stadion«. Auch hier also wurden Name und Seele verkauft. Selbst in Liga zwei. Furchtbar. Lange geht das nicht mehr gut, bis dann nur noch Firmenmannschaften vor Geschäftspublikum und Kleinanteilseignern ihr narzisstisches und nur vielleicht einträgliches Spielchen treiben. Aber ohne uns Fußballfans. Stattdessen mit »AG« im Firmennamen und mit Börsennotierungen. Gute Nacht, Fußball! Borussia Dortmund lässt schon mal grüßen.

Da lobe ich mir dann doch schon den FC Alte Heide, die Freie Turnerschaft Gern, den 1. FC Traunstein oder meine ehemaligen Vereine in Nürnberg, den TSV Falkenheim und den VfL Nürnberg-Langwasser, sowie alle zigtausend anderen normalen Fußballvereine im Osten, Westen, Süden, Norden dieser Republik – egal, in welcher Liga sie spielen. Ganz zu schweigen von den glücklichsten aller Fußballer, jenen in den Bunten Ligen auf den Bolzplätzen mitten in den deutschen Städten.

Da geht es wirklich nur um Fußball. Und es wird in jedem Fall auf einem richtigen Fußballplatz oder einer holprigen Wiese gespielt – also in einem, wenn auch kleinen Stadion, unter freiem Himmel mit atmenden Bäumen ringsherum. Und nicht in einer leblosen Beton- oder Plastikschüssel auf gerodetem Gelände mit Futterabteilen und Schiebedach. Hör' ich das schreckliche Wort »Hospitality«, riech' ich schon Krankenhaus. Fußball, du warst so schön, als es dich noch gab.

Ausgleich

Das Schönste ist immer, wenn eine Mannschaft, die scheinbar aussichtslos hinten liegt, plötzlich doch noch den Ausgleich schafft. So wie der FC Liverpool im Champions League-Finale 2005 gegen den AC Mailand. Dann kann es nämlich passieren, dass genau diese Mannschaft das Spiel in den nächsten Minuten sogar noch »umdreht«, es also noch gewinnt. So etwas begeistert mich. Was vielleicht daran liegt, dass ich von frühester Jugend an gelernt habe nie aufzugeben, weder als Schüler, noch als Mittelstreckler beim MTV 79 über 400, 800 und 1500 Meter und erst recht nicht im Fußball. Einige Spiele und deren Verlauf habe ich heute noch im Kopf.

Es muss eines meiner ersten Punktspiele in Nürnberg gewesen sein. In der Nürnberger Zeitung vom 25. Oktober 1964 stand – ich zitiere da mal etwas angeberisch: »Schon nach wenigen

Minuten hieß es durch Tore von Gambel, Glahner und Baierl 3:0 für die Gäste (aus Worzeldorf nämlich). Aber Falkenheim (das waren wir) raffte sich auf und kam durch einen von Pruy verwandelten Elfmeter und ein Tor von Veit noch vor dem Wechsel auf 2:3 heran. Nachdem Torwart Ziegler einen von Schlicker verursachten Foul-Elfmeter gehalten hatte, bekam Falkenheim starken Auftrieb und erreichte durch Koch den Gleichstand. Nun war Falkenheim nicht mehr zu halten. Tore von Pruy und Koch ergaben den hohen 7:3-Erfolg. Schiedsrichter Zöfel, ESV Rangierbahnhof, brachte das Treffen gut über die Zeit.«

Als Reporter erlebte ich immer wieder denkwürdige Ausgleichstore, z. B. das der Bayern in Mailand im Champions League-Finale gegen Valencia, oder das der Sechziger auf Schalke im März 2003: durch ein wunderbares Eigentor der Gastgeber. Worauf ich ins Mikrofon rief: »Danke, Ball!« Denn offensichtlich war er es, der unbedingt ins Tor der Schalker wollte. Und die konnten oder wollten nichts mehr dagegen unternehmen.

Meine Lieblingsspieler und Lieblingstrainer

Alles ist und bleibt immer relativ. So natürlich auch meine ganz persönliche Einschätzung derjenigen Spieler und Trainer, die mir im Laufe eines halben Jahrhunderts am besten gefielen. Es waren Spieler und Trainer, die mich schon als kleiner Junge, als Jugendlicher und als Student beeindruckten, als ich Dauergast im alten Grünwalder Stadion in München war. Und zu denen ich teilweise später als nebenberuflicher Sportreporter auch direkten (Interview-)Kontakt hatte.[14]

Gleichzeitig bitte ich all jene Spieler und Trainer um Nachsicht, deren Namen hier genauso gut stehen könnten. Ich wollte mich dabei jeweils auf eine Mannschaft plus etliche mögliche Auswechselspieler beschränken. Und ich kann sagen, dass es mir nicht leicht fiel. Beginnen werde ich immer mit dem oder den Torhütern, danach folgen streng alphabetisch die Spieler.

1. FC Nürnberg

Wabra, Köpke/Baumann, Ciric, Dorfner, Eckstein, Eder, Geinzer, Giske, Leupold, Morlock, Mintal, Oechler, Petrovic, Rink, Sutter, Wiblishauser, Wild, Zarate.
Trainer: Willi Entenmann, Hermann Gerland, Heinz Höher.

FC Bayern München

Fazekas, Kahn / Augenthaler, Babbel, Basler, Beckenbauer, Breitner, Hahn, P. Grosser, U. Hoeneß, Klinsmann, Landerer, Lettl, Makaay, Matthäus, Gerd Müller, Ohlhauser, Olk, Velhorn.
Trainer: Tschik Cajkovski, Ottmar Hitzfeld, Felix Magath.

SpVgg Greuther Fürth

Löwer, Reichold / Azzouzi, Beiersdorfer, Bergmann, Erhardt, Grabmaier, Heinlein, Kirchner, Lambie, Mai, Reichel, Ritschel, Schaub, Unger, F. Weber.
Trainer: Heinz Elzner, Benno Möhlmann.

TSV 1860 München

Berg, Meier / Auernhammer, Beer, Bender, Brunnenmeier, Heiß, Kögl, Kurz, Max, Miller, Pacult, Perusic, Patzke, Reich, Stemmer, Zausinger.
Trainer: Werner Lorant, Carsten Wettberg.

Meine persönliche Elf der außergewöhnlichsten Spielerpersönlichkeiten anderer Vereine[15]:

Oliver Bierhoff (Uerdingen, HSV, Mönchengladbach, Udine): Er ging seinen eigenen Weg, ließ sich nie davon abbringen und hat es letztlich allen gezeigt (in Italien!). Außerdem machte er immer einen sympathischen Eindruck in der Außendarstellung eines Fußballers. Nur vier Jahre Bundesliga, von 1986 bis 1990, 73 Spiele, 10 Tore.

Marco Bode (Werder Bremen): Sicher nicht nur für mich der fairste und bescheidenste Fußballer überhaupt. 379 Bundesligaspiele (1989 bis 2002), 101 Tore (wohlgemerkt als Abwehrspieler) – und dabei nie eine rote Karte! In dreizehn Jahren sah er nur neun gelbe Karten.

Klaus Fischer (TSV 1860 München, FC Schalke 04, 1. FC Köln): Für mich das Ur-Bild eines Fußballers, nicht nur wegen seiner spektakulären Fallrückzieher. Er war der älteste Bundesligaspieler, er lief noch mit 43 Jahren auf.

Jupp Heynckes (Mönchengladbach, Hannover): In seiner Zeit mit der eleganteste, fairste und erfolgreichste Torschütze. 369 Bundesligaspiele von 1967 bis 1978, dabei schoss er 220 Tore.

Jupp Kapellmann (Aachen, 1. FC Köln, Bayern München, 1860 München): Ein intelligenter, völlig unangepasster Profi, der immer seine Meinung sagte und nebenbei sogar sein Medizinstudium erfolgreich abschloss. 338 Bundesligaspiele, von1968 bis 1981, 36 Tore.

Karl Heinz Körbel (Eintracht Frankfurt): Bundesliga-Rekordspieler mit 602 Spielen für die Frankfurter Eintracht in den Jahren 1972 bis 1991. Gleichermaßen unspektakulär wie erfolgreich und zuverlässig

Michael Preetz (Fortuna Düsseldorf, MSV Duisburg, Hertha BSC Berlin): Einfach sympathisch und erfolgreich. 257 Spiele von 1986 bis 2003, 91 Tore.

Matthias Sammer (VfB Stuttgart, Borussia Dortmund): Sehr ehrgeizig, aber immer ehrlich und hoch motiviert. Von 1990 bis 1998 absolvierte er 178 Bundesligaspiele und erzielte 48 Tore.

Uli Stein (Bielefeld, Hamburg, Eintracht Frankfurt): Eine echte Marke, 512 Bundesligaspiele als Torwart, völlig unangepasster Nationalspieler, der sich sogar mit dem Kaiser anlegte. Stand mit fast fünfzig Jahren noch mal für einen Amateurverein im Tor.

Olaf Thon (Schalke 04, FC Bayern München): 443 Bundesligaspiele, 82 Tore. Er war immer offen und ehrlich. Ein exzellenter Techniker und Kämpfer, bei dem sich der Ball stets wohl fühlte.

Fritz Walter (1. FC Kaiserslautern): Ein Gentleman auf dem Platz und neben dem Platz, WM-Spielführer.

Und mein Lieblingstrainer:

Helmut Schön, Bundestrainer 1964 bis 1978: Diplomat und Vaterfigur, Europameister 1972 und Weltmeister 1974.

Der Ball spricht

Nicht so viel denken, nicht so sehr verkrampfen, liebe Ballbehandler. Lasst euch einfach fallen, dann fall ich euch vielleicht vor eure Füße. So wie ihr das wollt. Ihr merkt schon, jetzt rede ich, der Ball. Es muss einfach mal raus. Sonst platze ich noch. Damit meine ich nicht die Luft und auch nicht den Computer-Chip, den ich bald verschlucken werde. Wenn ihr wüsstet, was ich alles weiß und höre – und trotzdem nie sagen durfte. Jetzt sag ich's aber mal endlich, hier und heute. Bis jetzt hat ja kaum einer von euch je mit mir zu reden versucht. So richtig reden, meine ich. Nicht nur beschimpft, wie das alle tun, wenn ich nicht das tue, was ihr von mir mit euren beschränkten fußballerischen Mitteln so alles verlangt.

Die dümmsten Spieler sind die, die lieber mit dem Schiri oder dem Gegner oder der Wettmafia diskutieren. Denn ich bin und bleibe der einzig Unbestechliche. Glaubt ihr denn, ich hätte keine Gefühle, keine Seele? Wann habt ihr euch schon mal bei mir bedankt? Mich wenigstens mal kurz liebevoll in den Arm genommen, gestreichelt oder gar geküsst? Ja, Andreas Köpke hat's mal gemacht, auch Oliver Kahn in seinen jungen Tagen. Und sonst? Wenn ihr mich, wenn ich mal Ruhe von euch hab', wenigstens vor dem Freistoß oder Strafstoß einmal genau anschauen würdet, so wie die Brasilianer und Argentinier das tun! Dann wäre für Euch Ignoranten schon viel gewonnen. Nur, weil ihr mich zufällig zwei oder drei Mal richtig getroffen habt, dürft ihr nicht glauben, ihr könntet schon Fußball spielen! Mit jedem Reporter redet ihr Spieler, nur nicht mit mir. Wie kann man nur so dumm sein?

Eine liebevolle Behandlung – etwa so, wie ihr sie eurem Konto, eurer Freundin, eurer Geliebten, eurer Frau und Familie oder auch eurem Auto zukommen lasst. Das habe ich mindestens verdient. Ihr redet sogar mit dümmlichen Talkmastern beiderlei Geschlechts, die von ihren wundersam verformten bis entstellten Ohren oder Nasen entweder durch ewig lange, gefärbte Haare oder durch strenge Regieanweisungen an die Kameraleute und die Regie (»Bloß nie von der Seite drauf halten, vor allem nie in der Totalen, sonst bist du deinen Job als Kameramann oder Regisseur los!!«) genauso ablenken wollen wie von ihren sprachlichen, grammatischen, alkoholischen oder sonstigen Auffälligkeiten. Und wenn ihr dann am letzten Spieltag wieder bis runter in die Kreisklasse in der Halbzeitpause ein Spiel doch noch verkauft habt, dann spiel ich da einfach nicht mit. Basta und Ballda. Genauso wenig wie die eingewechselten und in der Halbzeitpause nicht mehr informierten Ersatzspieler. Neulich, in der Nähe von überall, oder wo war das gleich wieder? Was für ein Ballspaß für mich, wenn eure Rechnung dann nicht aufgeht, weil ihr sie ohne mich, den Ball gemacht habt. Nur mit mir redet ihr Trottel nicht!

Ich bin der einzig Unbestechliche, der Einzige ohne Vertrag und Vorvertrag. Und der Einzige, der gar nicht lügen kann, selbst wenn ich wollte. Mehr noch: Mit mir gibt es keine Absprachen! Weder offizielle noch stillschweigende. Das Einzige, was ich von euch erwarte, ist etwas Ansprache: Redet also bitte mit mir, ruft mich und seid nett zu mir und bedankt euch auch mal! Schließlich bin ich derjenige, der euch manchmal scheinbar gehorcht und ins richtige Tor fliegt. Aber bildet euch bloß nicht ein, dass ihr mir etwas zu befehlen habt – ich bin euer Meister. Ihr alle habt nach meiner Pfeife zu tanzen und nicht nach der des Unparteiischen oder des sich unparteiisch Gebenden. Im Grunde mach ich mit euch, was ich will, und ihr bildet euch immer nur ein, ihr könntet mir zeigen, wo es langgeht. Leider verloren, wenn ihr das glaubt.

Vor dem Spiel eingesperrt in Kisten oder Drahtschränke, verscherbelt, vergessen, angestoßen, abgestoßen, ersehnt, nummeriert, abgepinselt, angepisst, getreten, geschlagen, geliebt, gehasst, geschimpft, ausgewechselt, getroffen, gejagt, geworfen, weggeworfen, eingeklemmt und entmündigt. Ihr habt ja alle keine Ahnung. Alle verkaufen mich, billig, teuer, einzeln oder in Massen. Mit Rabatt und ohne Rabatt. Jedem Hund geht es besser, denn der wird wenigstens nicht angeschmiert, bedruckt, aufgepumpt und angestochen, damit wieder etwas Luft raus geht. Von Anfang an war ich für euch nur ein Objekt. Keiner hat gemerkt, dass auch ich ein Lebewesen bin. Ja, ich lebe, und was wäre euer Leben ohne mich?

Es muss ja nicht so sein wie mit den Pferden, die sogar gedopt werden. Oder mit den hoch gezüchteten Motoren von Rennwagen, die schon vor dem Start über Sieger und Platzierte entscheiden. Jeder Rennfahrer hat zu seinem Auto, jeder Reiter zu seinem Pferd, jeder Radrennfahrer zu seinem Rennrad, jeder Tennisspieler zu seinem Schläger, jeder Fechter zu seinem Florett, ja, sogar jeder gepflegte und geputzte Klodeckel hat zu seiner Schüssel eine innigere und vor allem persönlichere Beziehung als ihr Fußballer zu mir, eurem Ball.

Von mir allein hängt euer aller Wohl und Wehe ab. Von wem denn sonst? Erst wenn es nicht mehr anders geht, werft ihr einen ernsten Blick auf mich. Dabei wisst ihr gar nicht, ob ihr mich oder einen meiner Kollegen vor euch habt, denn wir sehen für euch ja alle gleich aus. Zu acht sind wir, wenn es losgeht – und achtlos werden wir von euch behandelt. Oft jagt ihr einen von uns noch kurz vor Beginn verächtlich weg. Doch schon paar Minuten später müsst ihr doch wieder mit uns vorlieb nehmen, wenn wir als Auswechselball wieder ins Spiel kommen.

Bowlingkugeln, Billardkugeln und Tennisbälle sehen auch alle gleich aus, aber deren intelligente Sportler wissen, dass Ball nicht gleich Ball ist. Jeder sucht sich mit Bedacht seine ganz spezielle Kugel heraus und jeder merkt sich genau, mit welcher er gut oder schlecht getroffen hat. Auf diese Kugel wartet er. Sie wird freudig begrüßt, vor allem aber liebevoll betrachtet und in die Hand genommen. Von den Blicken gar nicht zu reden. Tennisspieler merken sich ganz genau, mit welchem Filzball sie ein Ass geschlagen haben. Diesen Filzball lassen sie dann nicht mehr aus den Augen, bis sie ihn wieder in der Hosentasche haben.

Bei mir und meinen Brüdern glaubt ihr krummbeinigen Balltreter aber, das sei egal. Als euer Trittobjekt bin ich euch gut genug, gerade noch. Dabei verdankt ihr mir alles, was ihr je erreicht oder auch verloren habt. Redet euch raus mit eurem Taktikquark, den Bodenverhältnissen, dem Wind, dem Schiedsrichter oder dem Torwartfehler. Oder mit dem, der euch trainieren muss, diesem ewigen Abschusskandidaten und nicht Sesshaften. Nein, ich, der Ball, ich bin schuld. Nur ihr seid zu blöd, das zu merken. Euer Blick: oft herablassend, oft genug sogar gebieterisch. Wie ich das hasse, die mangelnde Achtung mir gegenüber. Aber das rächt sich. Verlasst euch darauf.

Keine Frage, ich merke mir alles. Wenn ich während des Spiels dann aus reinem Trotz bei jedem Pressschlag, bei jedem Abpraller, bei jedem Ausrutscher nichts mehr von euch wissen will und zum Gegner springe. Dann schaut ihr reichlich blöd in die Gegend. Und jammert hinterher: »Heute lief nichts zusammen.« Irrtum, heute lief ich euch weg, der Ball. Ich wehre mich mit Unwohlverhalten, bewusstem Fehlflug – immer dann, wenn ihr mich das nächste Mal berührt und abspielen wollt.

Ich merke sofort, wer es gut mit mir meint. Wer mich feinfühlig berührt, dabei aber sicher und liebevoll, sodass ich fast meine, ein Windhauch würde mich streicheln – dem gebe ich eine Chance: beim Freistoß, beim Eckstoß oder beim Strafstoß. Da lege ich mich auf das richtige Fleckchen Rasen, damit ich nur so getroffen werden kann, wie es der Spieler will. Schon beim Anlauf merkt dann ein Spieler wie Scholl, Beckham oder Podolski, dass ich ihm gewogen bin. Aber damit kein Irrtum aufkommt. Ich bin für jeden da, für die noch unbekannten Fußballtalente beim FC Alte Heide oder beim TSV Weinzierlein. Oder sogar für die ganz Kleinen auf dem Kinderspielplatz oder dem Bolzplatz gleich nebenan.

Was mich so richtig zum Leben erweckt? Sie oder er muss

mich anlächeln, sich nach mir sehnen, sich auf mich freuen und an mich glauben. Das spüre ich. Dann entsteht etwas zwischen uns. Dann gelingt uns beiden etwas. Dann gebe ich mir, dem Ball, mein Ballgefühl. Aber ihr müsst es ernst meinen. Wer nur mit mir rumspielen will, der hat bereits verloren. Ball selbst verliert nämlich nie. Ich bin immer der Sieger, mache keinen einzigen Fehler. Ihr dürft und musst sie machen.

Wer mich achtet, kennt und Respekt vor mir hat, der muss mich nur einmal anstoßen, der muss nur einmal pro Spiel mit mir in der Hand zum Anstoßpunkt. Damit hat er schon gewonnen. Kein Tor gegen ihn und seine Kumpels. Schaut beim nächsten Mal genau hin und sprecht mit mir – egal, ob laut oder leise. Redet mit mir, wenn ihr was von mir wollt, wenn ihr mich braucht – und mich nicht schon zum Gegner haben wollt, bevor es überhaupt losgeht.

Euer Ball, der natürlich auch mal seine Launen und schlechten Tage haben darf, oder etwa nicht? Dagegen schützt nicht mal Polyurethan und auch kein Chip.

Drum merkt euch also meine Ballregel Nummer 1: Ich, der Ball, bandel an, wann ich will, wo ich will und vor allem: mit wem ich will. Dann will ich ins Tor. So muss es sein, so will ich's haben und so wird es immer sein und bleiben. Auch ihr, die Spieler, seid und bleibt letztlich nur Zuschauer, ein Spielball.

Nürnberg, Franken und der ganze Rest

Wetten, dass der Club nächstes Jahr Meister wird?

Wetten werden gerade unter Fußballfreunden besonders häufig und gerne abgeschlossen. Ich persönlich habe schon viele Wetten verloren, aber auch etliche gewonnen. Bei meiner ersten »todsicheren« Wette war ich erst einige kurze Jahre in Nürnberg ansässig. Ich wettete damals mit unserem Schulhausmeister Kurt Ihlenfeld in Nürnberg-Langwasser. Er behauptete nämlich in den ersten Wochen nach den Weihnachtsferien, dass der Club nicht nur die Klasse erhalten, sondern im Jahr darauf sogar Meister werden würde. Gut, der damalige Rekordmeister 1. FC Nürnberg war zum ersten Mal überhaupt abstiegsgefährdet. Man hatte gerade den Meistermacher vom TSV 1860, Max Merkel, als Trainer verpflichtet. Der war in München gefeuert worden.

Trotzdem dachte ich, ich höre nicht recht. Die Klasse halten: ja. Aber im Jahr darauf Meister werden? Niemals. Beim Club waren mit Jenö Csaknady und Jenö Vincze schon zwei Trainer innerhalb weniger Wochen entlassen worden. Noch während ich ungläubig den Kopf schüttelte, sagte der Hausmeister, dass er darauf jede Wette annehmen würde. Ich hielt glatt mit hundert Mark dagegen. Der große, beleibte Mann in seinem grauen Kittel grinste vielsagend. Mir tat er dabei fast Leid. Hundert Mark! Das entspricht heute etwa einer Kaufkraft von wahrscheinlich 200 Euro! Das war sowohl für einen Hausmeister als auch für einen Junglehrer eine Menge Geld.

Normalerweise wette ich nie um Geld. Doch ich witterte das große Geschäft. Meine Frau war sauer, als sie davon erfuhr. »Wir haben noch nicht einmal einen Kinderzimmerschrank für Martina«, hielt sie mir vor, »und du wettest um hundert Mark!« Ich versuchte sie zu beruhigen: »Die Chancen, dass Ihlenfeld die Wette in der nächsten Saison gewinnt«, rechnete ich ihr vor, »sind verschwindend gering: Theoretisch liegen sie bei eins zu siebzehn und praktisch mindestens bei eins zu acht.«

So dachte ich jedenfalls: Der TSV 1860 München als Vorjahresmeister oder Eintracht Braunschweig (die dann im selben Jahr Meister wurden), Borussia Dortmund oder Eintracht Frankfurt, der 1. FC Kaiserslautern oder Bayern München oder auch der 1. FC Köln – sie alle spielten im Frühjahr 1967 ganz oben mit und würden sicher auch nächstes Jahr eine entscheidende Rolle spielen. Einer von denen würde Meister werden! Aber doch sicher nicht der Club, der zu jenem Zeitpunkt akut abstiegsgefährdet war! Fast schämte ich mich, dem Hausmeister so viel Geld abzuknöpfen, so sicher war ich mir, dass die Wette für ihn verloren gehen würde.

Doch es kam alles ganz anders. 1968 schaffte es Trainer Max Merkel tatsächlich, den neunten Meistertitel nach Nürnberg zu holen. Ausgerechnet am 2. Dezember 1967 beim 7:3-Kantersieg der Nürnberger gegen »meine« Rothosen aus München war ich dann erstmals im Stadion. Und im Mai verlor ich auch noch meine Wette und musste mich auslachen lassen. Ganz zu schweigen von den hundert Mark. Alles nur wegen dieses unglaublichen Fußballvereins. Heute würde ich freiwillig das Zehnfache oder mehr für einen wohltätigen Zweck spenden, wenn der Club je wieder Meister werden würde.

Damals war Rolli Wabra im Tor, mein späterer Freund und Fußballspezi, ganz hinten spielten Leupold und Popp, in der

Läuferreihe waren Luggi Müller, Wenauer und Ferschl und vorne stürmten »Zick-Zack« Cebinac, Strehl, Brungs, Heinz Müller und Volkert. Sie wurden bereits am vorletzten Spieltag mit einem 2:0-Auswärtssieg bei Bayern München (Franz Brungs und Heinz Strehl mit zwei Kopfballtoren. Die beiden hatten übrigens insgesamt zusammen allein 43 der insgesamt 71 Clubtore in der bisher letzten Meistersaison erzielt!) zum neunten Mal Deutscher Meister. Aber ich und jemals wieder zu diesem Club gehen? Nein, danke!

Meine Schüler von damals, mittlerweile leider auch schon alle um die fünfzig, lächeln nur milde, wenn sie mich heutzutage zufällig treffen. Und wenn wir dann natürlich auch über den Club sprechen, sagen sie nicht selten zu ihren fast erwachsenen Söhnen oder Töchtern: »Weißt du was? Uns hat dieser Cluberer damals immer nur von seinen benachteiligten Rothosen vorgeschwärmt.«

»Club«

Klingt eigentlich ganz harmlos. Ist es aber nicht. Denn es ist mehr als nur die Kurzform für den 1. FCN, den 1. Fußball Club Nürnberg, der am 4. Mai 1900 gegründet wurde und dessen erster Trainer ein Engländer namens Walker war. Der Club ist vielmehr eine Art Lebensgefühl und Stimmungsbarometer. Zwar gibt es unzählige Fußballvereine mit dem Buchstaben »C«, also mit der Bezeichnung »Club«. Aber es gab und gibt eben nur einen Fußballclub in Deutschland, der sich schon immer kurz und prägnant einfach »Der Club« nennen darf – und noch viel wichtiger: landauf und landab von allen so genannt wird. Diese Tradition zu pflegen, daran wollte ich als Reporter aus Nürnberg teilhaben: mit meinen mittlerweile um die 400 FCN-Reportagen, die ich dem Club und seinen Anhängern widmete.

Die Feier zum hundertjährigen Jubiläum in Nürnberg, die Ende April 2000 stattfand, war nett. »Schön« wäre vielleicht übertrieben ausgedrückt. Aber der Club und auch wir zwei Jubiläums-Moderatoren haben uns Mühe gegeben. Schön, dass ich auf diese Weise erstmals Eberhard Stanjek persönlich kennen lernen konnte. Leider ist er im Jahr danach verstorben. Und natürlich wird im Club auch anderer Sport getrieben. Unter dem Dach 1. FCN sind so unterschiedliche Sportler wie die Schwimmer, die Boxer, die Tennisspieler, die Handballer, die Skifahrer, die Hockeyspieler und der Roll- und Eissport aktiv. Neben Fußball war ich in Sachen Club auch am Boxring (Deutsche Amateurmeisterschaften), beim Handball (Bundesliga der Damen), am Beckenrand beim Schwimmen, am Centre Court im Tennis (1. und 2. Bundesliga), ja sogar beim Rollkunstlauf, beim Skifahren und beim Hockey radioaktiv. Immer mit dem BR-Mikrofon und Ü-Wagen – entweder als »Heimspiel« auf dem Gelände des 1. FCN am Valznerweiher oder irgendwo sonst im schönen weiten Bayernland. Aber auch bei manchen turbulenten Mitgliederversammlungen ließ ich mich als Reporter blicken, berichtete live und verfasste Features. Als Privatmann und Mitglied (Letzteres aber erst seit 1993 und auch erst nach langem Überlegen) stellte ich gelegentlich gerne kritische, aber absolut nötige Fragen.

Damit ist nicht zu weicher Rasen gemeint, der rutschig und glitschig ist wie frischer, noch warmer Apfelkuchen. Nein, Apfelkuchen in Zusammenhang mit Fußball gibt es immer dann, wenn der Kollege Christoph Deumling – der Moderator unserer Sendung »Heute im Stadion« – aus München nach Nürnberg kommt. Und das verheißt in jedem Fall Gutes: Denn erstens spielt Nürnberg dann in der Bundesliga (und dieses eher seltene Gefühl muss man natürlich immer genießen). Zweitens kommt es dann zu einem Derby, entweder mit den Bayern, den Sechzigern oder gar Unterhaching. Und drittens besucht uns Christoph Deumling vorher und bekommt wunschgemäß warmen Apfelkuchen mit frisch geschlagener Schlagsahne.

Allerdings wird die Sahne zuerst einem entscheidenden Fitnesstest unterzogen. Sie muss beim Sturz auf den Kuchen nämlich das richtige Geräusch, genannt »Platscherer«, produzieren. Christoph hält also einen Löffel frisch geschlagener Sahne eine gute Moderatoren-Elle über das noch ahnungslos wartende Stück Kuchen. Die Spannung am Tisch steigt. Es erinnert in etwa an die konzentrierte Stille vor der Ausführung des Strafstoßes. Dann folgt die aufreizend langsame Drehung – mit viel Fingerspitzengefühl ausgeführt zwischen rechtem Daumen und dem Zeigefinger am Löffelstiel. Alle Ohren sind gespannt auf Empfang gestellt.

Schließlich kann sich die Sahne nicht mehr länger auf dem schrägen Löffel halten, rutscht erst langsam, ganz langsam, bis sie schaumig auf den Apfelkuchen klatscht: »Treffer!«, jubelt das staunende Publikum am Tisch. Lauter und erlösender Beifall: Der entstandene Laut bei der weichen Landung findet das Wohlgefallen Christophs. Die Sahne hat den Test bestanden! Alles wird gut.

Von Kaffee und Kuchen gestärkt, fahren wir eine knappe Stunde später ins nahe Frankenstadion. Mit geölter Stimme und in froher Erwartung unserer gemeinsamen Sendung »Heute im Stadion – Fußball pur« (an der mindestens elf gute Kollegen mitarbeiten), die heute direkt aus dem Frankenstadion kommt. Weshalb an diesem Tag dann Christoph Deumling eben mal nicht im warmen, geräumigen Bayern 1-Studio im Funkhaus in München sitzt, sondern direkt neben mir, mitten unter den Zuschauern im Schmuckkästchen Nürnberger Frankenstadion. Wenn in München ein Derby angesagt ist, müssen wir zumindest auf den Apfelkuchen bei uns zu Haus verzichten.

FC Franken 09

Da dümpeln zwei liebgewonnene, aber weitgehend perspektivlose Traditionsvereine aus im Grunde genommen einer Stadt seit vier Jahrzehnten gleichermaßen unverdrossen wie erfolglos in der zweiten Liga. Einer davon spielt zwar immer mal wieder ein, zwei manchmal auch drei Jahre in der ersten Liga, aber nie erfolgreich und nie sehr lange. Wenn das so weitergeht, dauert es noch bis zum Jahre 2009 oder 2011 oder gar noch länger, bis die beiden Vereine begreifen, dass sich die Fußballwelt spätestens seit 1990 dramatisch verändert hat.

Fußballerische Kleinkrämerei führt auf Dauer nur dazu, dass die beiden ehemals bedeutenden Fußballvereine weiter in der Versenkung verschwinden werden. Immer weniger Zuschauer werden ins Stadion kommen. Bis sich beide Vereine abseits des großen Fußballs nur noch um sich selbst kümmern und ihre inzwischen lächerliche und künstlich heraufbeschworene Rivalität kultivieren. Wer weiter mehr schlecht als recht durch die zweite oder dritte Liga stolpern will, dem mag dieser Separatismus durchaus genügen. Vor allem, wenn er irgendeine Kopfnickerfunktion mit pompöser Bezeichnung aber ohne Bedeutung erfüllen darf.

Beide Traditionsvereine werden in absehbarer Zeit auf nichts anderes mehr verweisen können als auf die vergilbte Tradition eines längst verblichenen Jahrhunderts im Nach-Kaiser-Zeitalter: der ehemals ruhmreiche neunfache Meister 1. FC Nürnberg und der in noch grauerer Vorzeit dreimalige Meister SpVgg Fürth – ein Verein, der nach der Fusion mit dem TSV Vestenbergsgreuth in die SpVgg Greuther Fürth umbenannt worden ist. Diese beiden »Kleinvereine« mit jeweils nur wenigen tausend Mitgliedern kicken nur etwa sechzehn Kilometer voneinander entfernt seit Jahrzehnten im selben beschaulichen Großstadtverschnitt Nürnberg-Fürth – immer mehr oder weniger erfolglos in der ersten und zweiten Liga. Leider.

Fürth ist bisher noch kein einziges Mal in die Bundesliga aufgestiegen. Dabei möchte man wenigstens einmal – und vermutlich auch nur für ein Jahr – die Großvereine, Fußballkonzerne und Aktiengesellschaften des deutschen Fußballs im Stadtteil Ronhof in Fürth begrüßen. In jenem kleinräumigen Stadion mit seiner fast baufällig anmutenden, extrem engen Haupttribüne, dem Presseraum mit den Ausmaßen eines größeren Kinderzimmers, aber dem feinsten hausgemachten Kuchen. Zu gönnen wäre es den tüchtigen Fürthern und vor allem ihrem Präsidenten Helmut Hack allemal. Aber ob es je dazu kommen wird? Ich befürchte: eher nein.

Und der wenige Autominuten entfernte Club? Der steigt auf und der steigt ab, und dann wieder auf und dann wieder ab. Und so geht das weiter, bis keiner mehr kommt, um sich das für teures Geld länger anzutun. Jedes Jahr muss man acht bis zehn neue Spielernamen aussprechen lernen. In Nürnberg unterscheidet man längst rückblickend die Kalenderjahre der Einfachheit halber in Aufstiegs- und Abstiegsjahre. So kann man sie sich wenigstens besser merken. Sinnigerweise hat man sich beim Club für die Geschäftsstelle des 1. FC Nürnberg gar eine zentrale Abstiegserinnerungs-Telefonnummer geben lassen, die an zwei von sechs Abstiegsjahre erinnert – und dies zudem jeweils durch eine zusätzliche Null verdeutlicht: 940790. Verführerisch wäre der Gedanke an weitere Telefonnummernkombinationen, die der restlichen Nürnberger Abstiegsjahre gedenken: 690990 oder 840003. Beide Nummern sind übrigens noch zu haben.

Bezeichnenderweise hat das längst zusammengewachsene Nürnberg-Fürth keine erkennbare Stadtgrenze mehr, ein und dasselbe Telefonbuch und ein und dieselbe Telefonvorwahl. Und das ist sicher nicht alles, was beide Städte gemeinsam haben. Nur muss jetzt endlich ernsthaft über das nachgedacht werden, was ich bereits vor Jahren in der Sendung »Heute im Stadion« nach einer weiteren Niederlage des Clubs zu sagen gewagt habe: »Gründet endlich den FC Franken!« Hier nun wiederhole ich das, wohl wissend, wie unmöglich und hirnverbrannt dieser Vorschlag nicht wenigen Fürther und Nürnberger Fans zunächst vorkommt. Leute, wir leben mittlerweile in einer Metropol-Region, und nicht zuletzt auch dank des Fraunhofer-Institutes der Uni Erlangen wird demnächst der Ball zu uns sprechen. Wollen wir wirklich auf immer und ewig Fußball-Minipol-Region bleiben?

Bitte erkennt die Zeichen eines globalisierten Fußballs oder steigt aus! Andere deutsche Großvereine wie der FC Bayern München, der Hamburger SV, Bayer Leverkusen oder Hertha BSC Berlin sind längst dabei, sich nach Asien zu orientieren – was uns die Engländer, Italiener und Spanier übrigens längst gewinnbringend vorgemacht haben. Während hier in hochprovinzieller Manier zwischen zwei Hinterhofgärten faule Äpfel hin und her geworfen werden. Deshalb sollten wir endlich etwas unternehmen, um wenigstens wieder halbwegs konkurrenzfähig zu werden.

Charly Mai, Fürther und Weltmeister, wechselte schon in den fünfziger Jahren zum FC Bayern nach München. Tasso Wild kam seinerzeit aus Fürth zum Club nach Nürnberg. Das sind nur zwei Beispiele für bewegliches Denken und Handeln. Also sollte man doch mehr als ein halbes Jahrhundert später ebenfalls offen sein! Bündelt alle Kräfte, die finanziellen, personellen und die sportlichen, spätestens bis 2009 oder 2011! Dann wird vielleicht ein neu zu gründender FC Franken 09 als Fusion des 1. FC Nürnberg und der SpVgg Greuther Fürth endlich langfristig in der Bundesliga spielen. Dann findet ihr sicher auch Großsponsoren, die bei dieser bisher völlig ungenützten einmaligen Geschäftslage Visionen haben und dafür auch zahlen.

Wo sonst in Deutschland gibt es eine derartige – leider immer noch weitgehend unterentwickelte – Bundesliga-Oase? Die verkehrsmäßig gut erschlossen und leicht erreichbar ist und andererseits so zentral in Deutschland und Europa liegt? Zudem hat Nürnberg-Fürth in einem Umkreis von etwa 150 Kilometern keine nennenswerte Fußball-Konkurrenz! Aber bisher schläft man frohgemut vor sich hin. Man gibt sich damit zufrieden, dem Nachbarverein ab und zu eine auszuwischen – egal, in welcher Liga das passiert. Oder man ergötzt sich gemeinsam daran, wenn der FC Bayern München mal aus Versehen verliert. Wie das etwa gegen Hansa Rostock im März 2005 beinah geschah, als der Club zur selben Zeit eine weitere Heimniederlage gegen Werder Bremen kassierte. Wer sich mit diesen Gehässigkeiten zufrieden gibt, will womöglich gar nicht konkurrenzfähig sein. Und ist zudem ziemlich einfältig: Schließlich ist Rostock immer ein direkter Mitkonkurrent der Cluberer im Kampf um den Klassenerhalt gewesen.

Vielleicht erinnert sich noch jemand an die interessanten politischen Pläne aus dem Jahre 1922? Die Stadträte beider Städte hatten sich damals mit überwältigender Mehrheit für einen Zusammenschluss beider Städte zu einer Stadt Nürnberg-Fürth ausgesprochen. In einer abschließenden Volksabstimmung musste nun noch die Bevölkerung zustimmen. Nach entsprechender Agitation wurde die Fusion überraschenderweise verhindert. Der damalige erste Bürgermeister von Nürnberg, Hermann Luppe, war es übrigens, der die Idee einer Städtevereinigung offensiv vertreten hatte. Er wollte gegenüber München und anderen Ballungszentren rechtzeitig konkurrenzfähig werden. Und das vor über achtzig Jahren.

Davon ist hier ja gar nicht die Rede. Beide Städte sollen ruhig ihre politische Eigenständigkeit, ihre eigene Dialektfärbung und Wortwahl beibehalten. Aber sportlich muss etwas geschehen, will man nicht sang- und klanglos in irgendeiner niederklassigen Liga ohne große Öffentlichkeit – denn die gibt es erst außerhalb dieser beiden Städte, was viele in Nürnberg und Fürth aber bis heute nicht wahrhaben wollen – versauern. Die Provinz ist durchaus etwas Schönes, aber trotzdem sollte man es mit dem Provinziellen deshalb noch lange nicht übertreiben!

Interessant ist in diesem Zusammenhang übrigens die Entwicklung des FC Ingolstadt 04. Der hat als Fusion von MTV Ingolstadt und ESV Ingolstadt schon nach einem Jahr in der Oberliga Bayern für Furore gesorgt hat und fast auf Anhieb den Aufstieg in die Regionalliga geschafft. Man sieht also: Die Bündelung aller Kräfte ist heutzutage nicht nur unumgänglich, sondern auch erfolgreich. Es sei denn, man lebt in einer absoluten Wirtschafts-, Industrie- und Medien-Metropole wie den Millionenstädten Hamburg, München oder Berlin. Das gilt aber nicht für die Region 7, gerade nach dem Firmenabbau in Nürnberg, Fürth, Erlangen und Schwabach. Auch unter diesem Aspekt könnte ein großer und dann hoffentlich endlich erfolgreicher Fußballverein FC Franken für einige Unternehmen durchaus ein Motiv darstellen, wieder in einer dann auch fußballerisch nicht mehr ganz so verschlafenen Franken-Metropole neu zu investieren. Nichts ist unvorstellbar. Man muss nur träumen dürfen. Und: dran glauben.

Verräter

Die Nürnberger und die Franken sind eigentlich liebe Menschen. Wenn man sie einmal für sich gewonnen hat. So legt man mir öfter mal im Stadion kleine Geschenke – Blumen, Kuchen, Zigarren oder sogar mal ein Gedicht – auf meinen Arbeitsplatz. Aber sie können auch anders: Nachdem ich schon zwanzig Jahre Reporter war, so etwa nach dem vierten Abstieg der Nürnberger Cluberer, setzte mich der BR regelmäßiger als früher auch in München ein. Dort berichtete ich von den Löwen und durfte auch viele wichtige Spiele des FC Bayern München übertragen.

Eines Samstags stand ich zum Brötchenholen beim Bäcker in Nürnberg-Altenfurt. Die Schlange war so lang wie immer. Meistens sind es ja die Männer, die am Samstag Brötchen holen gehen. Ich stand in Gedanken versunken dort und dachte an meinen Einsatz am Nachmittag. Da ging ein gut gebauter Mann an mir vorbei aus dem Laden und zischte mir zu – so laut, dass es jeder in der Bäckerei hören konnte: »Verräter! Bayern-Reporter!«

Ganz anders, ja souveräner läuft das übrigens in München ab. Die Ordner und auch die Fans begrüßen mich dort immer mit liebevoller Ironie: »Hi, Cluberer! Wia geht's? Mogst wieder amoi a gscheits Spui seng?« Und immer mit einem Trost hinterher: »Schau fei, dass der Club drin bleibt, gell! Wär' ja echt schad!« Das ist die wesentlich nettere und elegantere Art. Sogar am Nürnberger Stadionheft vom FCN und alten Clubspielen sind sie sehr interessiert. Natürlich habe ich immer welche dabei und verteile sie großzügig. Meine Kollegen freilich schütteln nur verständnislos den Kopf.

Vorsicht Autofahrer! Nürnberg hat gewonnen

»Eine aktuelle vorsorgliche Warnmeldung ergeht an alle Autofahrer im Bereich Nürnberg, Nordbayern und der nördlichen Oberpfalz: »Da vor kurzem der außergewöhnliche und eigentlich unvorhersehbare Fall eingetreten ist, dass der 1. FC Nürnberg ein Heimspiel in der Fußballbundesliga gewonnen hat, werden ab sofort alle Autofahrer auf den Autobahnen A3, A6, A9 sowie insbesondere auch der A93 um erhöhte Vorsicht gebeten. Fahren Sie am besten auf der rechten Fahrspur und überholen Sie nicht. Achten Sie insbesondere auf tiefer gelegte Fahrzeuge mit rot-schwarzen Schals oder Spoilern. In ihnen könnten siegestrunkene Clubfans sitzen, die aus verständlichen Gründen unter zumindest partiellem Realitätsentzug leiden und sich infolge dessen womöglich zu ungewöhnlichem Fahrverhalten hinreißen lassen. Auch mit Geisterfahrern muss zumindest in den nächsten Stunden gerechnet werden.« Ende der Durchsage

Cluberer

»Cluberer«, das sind alle, die in irgendeiner Weise mit dem 1. FC Nürnberg verbandelt sind, mit ihm zu tun haben, sich immer wieder über ihn ärgern – und ihn im besten Fall dennoch ewig lieben. Damit sind sowohl aktuelle als auch ehemalige Spieler, Mitglieder und Förderer des Vereins, gewöhnliche Fans und »Edelfans«, Funktionäre und andere ganz normale Menschen gemeint, die in irgendeiner Weise, sei es beruflich oder privat, mit dem Club zu tun haben. Die, ob sie es wollen oder nicht, ihn im Grunde genommen, so oft sie ihn auch verflucht haben, letztlich doch alle mögen, wenn nicht gar lieben.

Als mir das erste Mal live am Mikrofon im Dezember 1987 der mittlerweile deutschlandweit akzeptierte Name »Cluberer« bei einem Eigentor der Hamburger rausrutschte, war mir zunächst gar nicht bewusst, was ich damit angestellt hatte. Aber als zwei Tage danach nach der berüchtigten Montags-Redaktionssitzung ein fest angestellter (sic!) Redakteur des BR anrief, um mich näselnd (aber wie immer falsch atmend) zu fragen, was ich mir denn da schon wieder für eine neue Wortschöpfung ausgedacht hätte, wurde mir klar, dass das vor mir wohl zumindest im Radio noch keiner laut gesagt hatte. Damals meinte ich allerdings die Spieler auf dem Rasen des Städtischen Stadions in Nürnberg: »Wenn's die Cluberer schon nicht selber schaffen, dann macht das ein Hamburger für sie: Eigentor durch Jakobs!«

Auch wenn immer wieder mal zu lesen ist, ich hätte »Cluberer« erfunden, muss ich klarstellen, dass das so nicht stimmt. Ich habe lediglich zur medialen Verbreitung beigetragen. Wahrscheinlich ist diese liebevolle fränkische Bezeichnung in den folgenden fast zwanzig Jahren dadurch richtig medienwirksam geworden. Heute sind damit erfreulicherweise alle gemeint, die sich in irgendeiner

Weise dem Club verbunden fühlen. So einen kurzen, knackigen und doch wiederum liebevollen Kosenamen, sowohl für Aktive als auch für Passive, kann der FC Bayern München und können meines Wissens viele andere Vereine in Deutschland nicht aufweisen. Es war direkt auffallend, dass »Kaiser« Franz Beckenbauer immer wieder – zumindest solange der FC Bayern noch keine AG war – scheinbar beiläufig versucht hat, vom FC Bayern München ebenfalls als dem »Club« zu sprechen. Das war vergebene Liebesmüh', lieber Franz!

Doch auch wenn die Bayern im Zuge des gewerblichen Fußballs dem ehemaligen Rekordmeister 1. FC Nürnberg diesen schmückenden Beinamen auf ganz legale und zielstrebigere clevere Weise abgeluchst haben – die Bezeichnung »Club« wird auf immer und ewig nur an einen Verein erinnern: an den 1. Fußballclub Nürnberg.

Hallo, hier ist Nürnberg, ich melde mich vom Abgrund

Nürnberger Stadion, 29. Mai 1999, mitten in den Pfingstferien, es ist der letzte Spieltag der Saison. Alle sind in Feierstimmung. Jeder freut sich auf die Party nach dem Spiel. Die Sonne scheint. Es ist heiß, knapp über dreißig Grad. Nach dem Unentschieden am letzten Samstag in Rostock wartet eine lösbare Aufgabe auf den Club: Zu Hause geht es gegen den stark ersatzgeschwächten Freiburger Sportclub. Wenn der 1. FCN gewinnt, dann steigt Freiburg, Rostock oder die Eintracht Frankfurt ab. Wahrscheinlich wird es die Eintracht treffen. Nürnberg ist 12. in der Tabelle, Frankfurt liegt auf dem 16. Platz. Nürnberg hat drei Punkte mehr

– und für den Fall aller Fälle noch fünf Tore Vorsprung beim Torverhältnis.

Gewinnen oder auch nicht gewinnen, eigentlich ist es also egal. Vielleicht steigt auch der VfB Stuttgart ab. Die Stuttgarter mit dem noch relativ unbekannten Trainer Ralf Rangnick haben keine Erfahrung im Kampf gegen den Abstieg. Wenn Nürnberg nur Unentschieden spielt, dann wäre wahrscheinlich auch Freiburg gerettet. Für den Club würde dies sicher zum Klassenerhalt reichen. Selbst bei einer Niederlage gegen Freiburg müsste erstens Hansa Rostock beim VfL Bochum gewinnen, Stuttgart zu Hause gegen Bremen gewinnen und Frankfurt zu Hause gegen Kaiserslautern gewinnen – und zwar mit mindestens vier Toren Unterschied. Praktisch gibt es also vier Abstiegskandidaten und nur theoretisch einen fünften. Der heißt 1. FC Nürnberg.

Da kann eigentlich nichts mehr schief gehen. So dachten alle. Und eigentlich auch ich. Dennoch hatte ich mich intensiv vorbereitet und alle Möglichkeiten durchgerechnet. Schließlich waren wir erst vor einem knappen Jahr dank Trainer Felix Magath aufgestiegen. Aber der musste zu Beginn der Saison gehen, weil er dem Nürnberger Präsidenten zu groß wurde. Magath hatte doch tatsächlich auf dem versprochenen Zweijahresvertrag mit Ausstiegsklausel bestanden. Das verstand der Teppich-, Tapeten- und Auslegewarenhändler nicht. Also kam zunächst Willi Reimann aus Hamburg. Wegen der schweren Krankheit seiner Frau trat er nach der Hinrunde jedoch freiwillig von seinem Traineramt zurück. Im Januar richtete sich mit Friedel Rausch ein Trainer am Dutzendteich ein, der zuvor am Gladbacher Bökelberg gescheitert war. Dieser pflegte sein bequemes mediales Umfeld und hofierte immer brav den Präsidenten. Das bekam ihm gut – doch dem Club sollte es schlecht bekommen. Viele erlagen zunächst seinem gespielten Charme. Aber ich hielt schon im Februar während der ersten miesen Vorstellung des FCN und einem schmeichelhaften Unentschieden gegen die stark ersatzgeschwächten Bremer vom SV Werder journalistisch dagegen.

Noch vor dem letzten Saisonspiel haben die meisten Club-Mitglieder mit der Post einen Saison-Abschlussbrief erhalten. Dort sind auch die erhöhten Preise für die Dauerkarten in der nächsten Bundesligasaison bekannt gegeben worden. Und natürlich wurden alle zur Feier des Klassenerhalts eingeladen. Sie soll unmittelbar nach dem Spiel auf dem Max-Morlock-Platz vor dem Stadion stattfinden.

Im Stadion sind auch die Zeitungskollegen schon in Urlaubsstimmung. Eher gelangweilt diskutieren sie, wer als dritter Verein zusammen mit Borussia Mönchengladbach (bisher nur 21 Punkte) und dem VfL Bochum (bisher nur 29 Punkte) absteigen wird. Gladbach und Bochum stehen bereits seit Wochen als Absteiger fest. Fast alle Fußballinteressierten in Deutschland rechnen mit der Frankfurter Eintracht als drittem Absteiger. Obwohl die Hessen in den letzten Wochen eine tolle Aufholjagd hingelegt haben: Sie sind seit vier Spielen ungeschlagen, haben davon zuletzt dreimal hintereinander gewonnen und sammelten so zehn Punkte.

Dennoch hat Frankfurt die schlechteste Ausgangsposition. Sie spielen heute gegen den 1. FC Kaiserslautern, der mit einem Unentschieden die Qualifikationsrunde der Champions League erreichen kann (damals noch der 4. Platz). Daneben sind auch Hansa Rostock oder etwa gar der VfB Stuttgart weitere Abstiegskandidaten. Und auch der SC Freiburg kommt bei einer Niederlage noch für den Abstieg in Frage. Aber damit der Club absteigen würde – dazu müssten alle anderen vier Vereine gewinnen und Frankfurt zudem mindestens vier Tore mehr schießen als der Gegner.

»Was passiert in Bochum?« Bochum spielt gegen Rostock, und Rostock führt. Bochum ist schon seit Wochen abgestiegen und nicht mehr zu retten. »Was passiert in Frankfurt?« Frankfurt spielt gegen Kaiserslautern. Noch ist kein Tor gefallen. Der 1. FCK hat Michael Ballack auf dem Platz und Otto Rehhagel (ehemals »Otto Torhagel«) auf der Lauterer Bank. Und das am letzten Spieltag.[16] Heute muss Frankfurt, vor Wochen schon so gut wie abgestiegen, überhaupt erst einmal gewinnen. Und dann muss die Eintracht auch noch sehr hoch gewinnen, nämlich mindestens 4:0 oder 5:1 oder 6:2. Aber daran glaubt keiner.

Und selbst dann brauchte der Club ja nur Unentschieden zu spielen. Das würde in jedem Fall reichen. Doch dazu hätte er von seinem Trainer gut auf das Spiel vorbereitet werden müssen. Ich bin jedenfalls bestens vorbereitet und sitze im Frankenstadion auf meinem angestammten Arbeitsplatz auf HT 3 in Reihe 9, Platz 9. Schon einmal kam es auf das Torverhältnis an – beim letzten Clubabstieg 1994. Damals saß ich allein und verlassen im Dortmunder Westfalen-Stadion. Duisburg verlor zu Hause gegen Freiburg, was den Clubabstieg besiegelte. Dabei war vier Wochen zuvor Freiburg so gut wie abgestiegen. So wie diesmal eigentlich Frankfurt – und das auch schon seit Wochen.

Was macht an diesem 29. Mai 1999 der VfB in Stuttgart gegen den SV Werder Bremen? Für Werder geht es heute um nichts mehr, Stuttgart muss gewinnen. Doch das tun sie: Sie führen bald mit 1:0 durch Bobic, in der sechsten Minute. Danach stellen Bremen und Stuttgart mehr oder weniger das Fußballspielen ein. So jedenfalls interpretiere ich die Schilderungen meines ARD-Kollegen vom SWR aus dem Stuttgarter Stadion. Und für Kaiserslautern stehen die Chancen auf Platz vier in der Tabelle gut. Selbst wenn Dortmund in Mönchengladbach gewinnt, geht da noch was. Zumindest bei einem Unentschieden.

Inzwischen gucken mich die Kollegen von der *BILD* vor mir schon etwas schräg an. Schon nach gut fünfundzwanzig Minuten orakele ich, dass der Club heute doch noch in den Abgrund stürzen könnte und spreche vom Abstiegskrimi. Irgendwie spüre ich: Heute läuft es einfach nicht gut für Nürnberg. Dabei steht es im Frankenstadion noch 0:0. Das würde dem Club ja in jedem Fall reichen, und den Freiburgern höchstwahrscheinlich – wenn Frankfurt nicht ein Kantersieg mit fünf Toren Unterschied gelingt. Aber die Finke-Buben spielen einfach besser. Sie sind deutlich lauffreudiger und vom Trainer perfekt eingestellt worden. Die denken gar nicht daran, auf ein lockeres Unentschieden zu spekulieren.

Ich merke es zuerst am rechten Ohr. Zwar trage ich den Kopfhörer über beiden Ohren. Aber rechts meine ich immer, Manni Breuckmann aus Bochum zu hören. Jetzt fällt gerade der Ausgleich für Bochum, aber die Rostocker werden immer stärker. Das spüre ich deutlich an der Stimme von Manni. Im linken Ohr höre ich vor allem Dirk Schmitt vom HR aus Frankfurt. Frankfurt war unmittelbar nach der Pause durch Yang in Führung gegangen. In Nürnberg liegt der Club schon fast seit zwanzig Minuten 0:2 gegen Freiburg zurück (zweimal Günes). Nach dem zwischenzeitlichen Ausgleich der Lauterer durch einen verwandelten Strafstoß (Schjönberg) wird die Stimme von Dirk Schmitt immer erregter. Bald ruft er warnend: »Die Frankfurter werden immer stärker und überrennen die müden Pfälzer, Günther, hörst du mich, die Eintracht schießt das 2:1 durch Sobotzik!«

Neun Reporter berichten heute in der berühmten Bundesliga-Konferenz aus den Stadien: aus Duisburg (MSV gegen VfL Wolfsburg), aus Berlin (Hertha BSC gegen Hamburger SV), aus München (TSV 1860 gegen Schalke 04), aus Mönchengladbach (Borussia Mönchengladbach gegen Borussia Dortmund), aus Leverkusen (Bayer Leverkusen gegen FC Bayern München, bereits Deutscher Meister) und aus Stuttgart (VfB gegen Werder Bremen). Es ist jetzt wenige Minuten vor 17 Uhr, also etwa Mitte der zweiten Spielhälfte. Die Konferenz läuft schon seit mehr als einer Viertelstunde auf vollen Touren.

Meiner Frau sagte ich nach dem vorletzten Spieltag, sie könne nun doch mit unseren Nachbarn Heidi und Volker und Freunden getrost nach Rom auf die von Volker organisierte Studienreise mitfahren. Sie müsse diesmal wirklich nicht wie in all den Jahren wegen des Nürnberger Fußballclubs und meiner Unabkömmlichkeit auf ihre wohl verdienten Pfingstferien verzichten. Dem Club würde jetzt nichts mehr passieren. Um meinen Seelenzustand brauche sie sich deshalb keine Sorgen zu machen. So dachte ich noch vor einer Woche.

Aber jetzt ist alles anders. Jetzt muss ich meine Hörer langsam darauf vorbereiten, dass der Club im Augenblick zwar noch in der Bundesliga ist, aber dass er abstürzen wird. Das Anschlusstor für Nürnberg zum 1:2 durch Nikl (Kopfball nach Vorarbeit von Gerber) fällt erst in der 85. Minute. Ist das doch noch die Rettung für den dummen Club? Vor zwei Minuten war der Club schon abgestiegen. Da hatte in Frankfurt die Eintracht unter Trainer Jörg Berger innerhalb von zwei Minuten (nach dem 3:1 durch Gebhardt in der 80. und dem 4:1 durch Bernd Schneider in der 82. Minute) den Club in den Abgrund gestoßen: durch das bessere Torverhältnis oder genau genommen wegen der mehr erzielten Treffer (43 Tore) bei gleichem Torverhältnis (-11).

Es ist 17.07 Uhr. Im Moment hat Nürnberg das bessere Torverhältnis. Dennoch fehlt mir der Glaube, dass es für die Cluberer heute reicht. Die 44 000 Zuschauer im Frankenstadion sind trotzdem auf Feiern programmiert. Sie ahnen nicht, was ich befürchte. Mir schießt ein Gedanke durch den Kopf. Warum hatte ich mir nicht während der Halbzeitpause das tragbare Mikrofon mit Sender und Kopfgeschirr aus dem Ü-Wagen bringen lassen? Damit wäre ich jetzt frei beweglich. So wie am 28. November 1989 beim 4:0 gegen die Bayern. Damals hatte ich noch vor Spielende auf der Tartanbahn Uli Hoeneß und den FCN-Trainer Hermann Gerland interviewt. Oder wie Anfang Juni 1997. Damals führte der Club im letzten Spiel in der Regionalliga gegen Quelle Fürth, und die Menschenmassen stürmten zehn Minuten vor Spielschluss das Spielfeld, um den Aufstieg in die 2. Bundesliga zu feiern. Ich war live dabei, mitten auf dem Spielfeld, und habe Trainer Entenmann interviewt, bevor das Spiel schließlich doch fortgesetzt wurde.

Wenn ich nur bloß auch diesmal daran gedacht hätte, könnte ich jetzt unten in den Innenraum stürzen und zwar noch während der Bundesligakonferenz. In den Innenraum würde ich schon irgendwie kommen, und wenn ich über die Absperrung klettern müsste. Unten könnte ich versuchen, die Spieler und die Zuschauer mit Gesten und durch meinen Gesichtsausdruck wachzurütteln. Dann würden sie vielleicht endlich aufwachen und merken, dass da Unheil droht. Dass der Club auf dem besten Weg ist abzusteigen, wenn er hier nicht Unentschieden spielt. Doch jetzt ist es zu spät.[17]

Etwa einige tausend Zuschauer im Frankenstadion haben ein kleines Radio dabei. Sie wollen wissen, wer heute absteigt. Aber natürlich denkt dabei keiner an den Club. Ich schaue zur Trainerbank des 1. FCN: Dort hat niemand ein Radiogerät. Doch die unverzeihlichste Ignoranz an jenem schwärzesten aller Club-Samstage: Man hatte der freundlichen Dame von der Stadtreklame Nürnberg, die für die Meldung der Zwischenstände aus den anderen Stadien zuständig ist, ausdrücklich verboten, die Zuschauer über die anderen Ergebnisse zu informieren. Warum? Das weiß ich bis heute nicht.

Ich sehe den Spieler Helmut Rahner, der sich links von der Nürnberger Spielerbank warmläuft. Gleichzeitig versucht er, sich an einem Monitor von »Premiere« über die neuesten Zwischenstände aus den anderen Stadien, speziell aus Bochum und Frankfurt, zu informieren. Aber bis Rahner die Ergebnisse an die dafür völlig unvorbereitete Nürnberger Bank durchgegeben hat, klingelt es schon wieder in Bochum oder Frankfurt.[18]

Die Clubspieler mit Köpke, Baumann, van Eck, Nikl, Ziemer (bis zur 45. Minute Weigel), Störzenhofecker, Reinhardt (bis zur Pause Günther), Oechler, Kuka und Ciric (ab der 80. Minute Kurth) spielen weiter ganz gemütlich, relativ lustlos und offenbar völlig ahnungslos Fußball. So etwas hasse ich ja sowieso wie die Pest.

»Das ist ja Alibi-Fußball«, schimpfe ich unter Schmerzen ins Mikrofon. Es zerreißt mich fast, weil ich den Club in den Abgrund stürzen sehe, während die zumeist ahnungslosen Zuschauer in Partystimmung sind. Ganz anders geht es dagegen in Frankfurt zu. Dort ist das Radio wenige Meter von der Bank entfernt. Ein verletzter Spieler, Thomas Epp, und der Co-Trainer Bernard Lippert geben immer sofort Zeichen, wenn Neuigkeiten aus Nürnberg und Bochum zu vermelden sind. So wie jetzt: Nürnberg hat ein Tor geschossen. Jetzt kommt es für Frankfurt auf jede Sekunde an!

Ich schreie förmlich meine Verzweiflung ins Mikrofon: »Tor in Nürnberg. Ich pack das nicht! Ich halt das nicht mehr aus! Ich will das nicht mehr sehn. Aber sie haben ein Tor gemacht. Ich weiß nicht wie. Nikl mit dem Kopf. Nur noch 2:1 für den Sportclub Freiburg.« Denn ich spüre, dass die Frankfurter auch noch das 5:1 schaffen werden. Kaiserslautern ist geschlagen, spätestens jetzt ist denen alles egal. Und wenn sich der Gegner erst in einen Rausch gespielt hat, kann man nur noch wenig dagegen machen.

Die Frankfurter Eintracht wird sicher sofort reagieren, wenn sie das hier hören. Aber ich kann doch das Tor nicht unterschlagen, ich muss es doch melden …

Und es ist wie 1994 beim verschossenen Elfmeter von Manni Schwabl in München gegen Raimond Aumann. Damals rief ich entsetzt ins Mikro: »Aber doch nicht der Manni Schwabl!« Jetzt höre ich in meinem linken Ohr den anschwellenden Torjubel aus Frankfurt. Sofort danach überschlägt sich die helle Stimme meines Kollegen vom Hessischen Rundfunk: »Tor in Frankfurt, 5:1 für die Eintracht durch Fjörtoft!« Dann macht er eine Pause und denkt an mich, ruft mich aber nicht. Ich weiß, jetzt ist alles aus, aber ich muss mich sofort über Äther melden.

Den Rest spare ich mir an dieser Stelle, denn es tut noch immer weh. Später erfahre ich, was ich längst vermutet hatte: dass in Frankfurt natürlich die Zwischenergebnisse auf der Anzeigentafel angezeigt wurden. Dort wurde eben bis zum Ende des letzten Spieltages professionell gearbeitet. Und das, obwohl es vor einer guten halben Stunde noch 1:1 gestanden hatte. Um 17.12 Uhr steigt der Club endgültig ab. Noch einmal rufe ich nach dem Schlusspfiff in den Äther: »Hier ist Nürnberg, ich melde mich vom Abgrund.«

Doch unten auf dem Rasen des Frankenstadions wollen sich jetzt die Club-Spieler nach dem Abpfiff von Schiedsrichter Kemmling in der Kurve feiern lassen. Noch immer haben sie keine Ahnung davon, was jeder Radiohörer hier und jeder Stadionbesucher anderswo mitbekommen hatte. Irgendwie muss mir das drohende Unheil schon seit etwa 16 Uhr klar gewesen sein. Da lag der Club zwar nur mit 0:1 hinten, aber ich argwöhnte bereits: »Ein Punkt wäre überlebenswichtig. Das kann ganz, ganz bitter enden.« Schon da lief in Stuttgart, in Bochum und auch hier in Nürnberg fast alles gegen den Club. Lediglich das trügerische 0:0

zur Pause in Frankfurt konnte einem Hoffnung machen. Aber genau das machte mich skeptisch. Jetzt, um 17.12 Uhr, habe ich leider Recht behalten.

Die ahnungslosen Spieler laufen in die Kurve, um sich für den Klassenerhalt feiern zu lassen. Sie bleiben erschrocken stehen, als sie von wütenden Fans beschimpft werden. Einzelne Fans in der Nordkurve vergießen bittere Tränen. Ein Spieler hat erst noch eine große Sektflasche aus der Kabine geholt, aber sie wird ihm bereits im Kabinengang wieder abgenommen. Ich selbst bin wie paralysiert.

Bei der so genannten Saisonabschlussfeier hinter der Nordkurve, am heutigen Max-Morlock-Platz, schaue ich nur ganz kurz vorbei. Einige völlig frustrierte Fans werfen dort mit vollen Bierbechern nach der Bühne und den kurz erscheinenden Hauptverantwortlichen. Die paar Minuten nach Hause fahre ich wie in Trance.

Zu allem Übel ist ausgerechnet an diesem schwärzesten Samstag unser Haus leer. Mit den Wänden kann man nicht reden. Meine Frau ist mit den Nachbarn in Rom. Meine ältere Tochter, die mittlerweile noch näher am Stadion wohnt als wir, ist mit ihrer Familie im Pfingsturlaub und die jüngere studiert an der Kunstakademie in Florenz. Auch die Clubfahne, die wie immer vor dem anderen Nachbarhaus von Uschi und Hermann hängt, kann mich heute nicht wie sonst aufmuntern.

Abends rufen dann aber noch viele Reporterkollegen wie Edgar Endres und Hans-Peter Pull an. Das freut mich. Und diese Ansprache hilft mir wenigstens etwas. Erst am nächsten Abend meldet sich meine Frau aus Rom: Ganz aufgeregt will sie wissen, ob das denn tatsächlich stimme mit dem Abstieg des Clubs. Gerade habe sie davon gehört und sei sofort auf ihr Zimmer um mit mir zu telefonieren. Aber ich hätte doch vor einer Woche, als ich aus Rostock heimgekommen war, gesagt, das könne diesmal dem Club gar nicht mehr passieren.

An diesem Sonntag ruft Claus Strunz, damals noch bei der *Welt*, an. Er fragt, wie er an einen Mitschnitt der Reportage kommen könne, da die *Welt* die wichtigsten Passagen der Konferenz zwischen Bochum, Frankfurt und Nürnberg am nächsten Tag abdrucken wolle. Außerdem gebe ich an jenem Sonntag nach dem Schwarzen Samstag zahlreiche Zeitungsinterviews. Auch Manni Breuckmann sowie Dietmar Schott, beide Moderatoren der Bundesligakonferenz rufen mich an, um mich moralisch wieder aufzubauen. Das rührt mich sehr. Doch mein wohl größter Trost kam aus einer ganz anderen Ecke. In meinen kurzen Tagebuchaufzeichnungen zu jenem Tag steht nämlich grün markiert: »5. Abstieg, aber meine Rosen blühen überall!!«

Diese ARD-Bundesligakonferenz wird später vom WDR als CD veröffentlicht. Als ich sie mir aus diesem Anlass noch mal komplett anhörte, war meine Verzweiflung so groß, dass ich mich prompt auf der Autobahn ganz in der Nähe von Nürnberg total verfuhr. Am helllichten Tag.

Und was Nürnberg anbetrifft: Noch in derselben Nacht belohnt der Präsident den Trainer Friedel Rausch mit einem neuen Vertrag. Die in Sachen Club alles andere als couragierte Nürnberger Journaille betet die dankbaren Worte des Präsidenten einfach nach. Ich hingegen, der schon in den Monaten vor dem Abstieg in Rausch einen Blender sah, hielt mit meiner Meinung vor allem im Internet nicht hinter dem Berg. Im Gegenzug machte mir Rausch über die Nürnberger Presse die Hölle heiß. Bis dann der Präsident eines Tages gar nicht mehr anders kann, als den Trainer zu bitten, sich bei mir beispielsweise dafür zu entschuldigen, dass er mich in einem Blatt einen »Bayernfan« nannte. Trotz anfänglichen Sträubens tut das Rausch auch. Im Büro des Teppichfürsten bei mehreren Tassen Kaffee und im Beisein meines Webmasters Robert Hackner.

Einige Monate später – inzwischen ist auch von anderer Seite verhaltene Kritik laut geworden – beurlaubte Michael A. Roth endlich Friedel Rausch. Es war nach einem trostlosen Flutlicht-Kick gegen Kickers Offenbach im halb leeren Frankenstadion. Zu dem damaligen Geschehen auf dem Rasen sage ich: »Da langt man sich ja an sein Resthirn, wenn man sieht, was hier abläuft.« Doch da ist es schon zu spät. Und ich fürchte, genau das haben Roth viele Anhänger und Fans bis heute nicht verziehen.

Die Freiburger haben am 29. Mai 1999 mit Einsatz und der richtigen Einstellung in Nürnberg glücklich, aber wirklich nicht unverdient 2:1 gewonnen. Für Trainer Volker Finke und seinen Verein war dieser 29. Mai 1999 ein schöner Tag. Durch den Sieg rettete sich der Sportclub nicht nur vor dem Abstieg (ein Unentschieden hätte trotz des 5:1 der Frankfurter auch knapp gereicht). Mit 39 Punkten wurde man sogar noch Tabellenzwölfter.

Nie werde ich vergessen, wie Trainer Finke nach dem Spiel am Ende der Pressekonferenz bemerkte: »Lasst uns nur schnell wegfahren, hier sehen wir heute kein lachendes Gesicht mehr.« Im Jahr danach wurde der Sportclub Freiburg am Ende der Saison wieder Zwölfter und 2001 sogar Sechster und damit UEFA Cup-Teilnehmer. Ein Jahr nach diesem Höhenflug kam allerdings 2002 der Absturz in die 2. Liga. Aber nach dem direkten Wiederaufstieg wurden sie 2004 immerhin 13. Und das immer mit Trainer Volker Finke. Allen Respekt! Dass der SC Freiburg 2005 wieder abgestiegen ist, daran trägt diesmal ausgerechnet der 1. FC Nürnberg ein gehöriges Maß an Mitschuld: Denn er gewann am 25. Spieltag völlig unverdient mit 3:2 in Freiburg. Der Ball wollte es wohl so.

Der Franke lacht gerne, und er lässt gerne lachen: nämlich die anderen über ihn. Über seine selbst auferlegte Rückständigkeit und seine gespielte Langsamkeit. Das bringt Quote. Höchst ungemütlich wird der Franke jedoch, wenn Unbefugte über sein Sorgenkind, den Club, lästern. Da versteht er überhaupt keinen Spaß. Er selbst darf natürlich über seine Cluberer schimpfen und ist dabei alles andere als zimperlich. Kostprobe gefällig? Bitte: »Der Club, der Doldi, der Depp.« Das sagte Klaus Schamberger. Der Vorzeige-Franke, Clubfan und Kollege, als »Spezi« bekannt auch durch seine fränkischen Mundart-Glossen in der Abendzeitung und im Bayerischen Rundfunk. So viel schmerzlich verzehrende Fußball-Liebe dürfte in Deutschland wohl einmalig sein.

Wenn der Clubanhänger aber einmal mit sich selbst ganz alleine ist, dann ertappt er sich beim Träumen: dass sein 1. FC Nürnberg 2005 nicht nur ganz aus Versehen einmal nicht absteigt, sondern sogar wieder um einen Platz im UEFA-Cup mitspielt. So wie seinerzeit 1988 mit den jungen Wilden eines Heinz Höher. Die hundertprozentigen Franken und Cluberer träumen sogar heute schon von der nächsten deutschen Meisterschaft. Dieser Traum wird demzufolge die heute noch ganz jungen Franken ein Leben lang begleiten und bei Laune halten. Wenn ich ganz ehrlich bin, ertappe auch ich mich manchmal bei diesem schönen Traum.[19]

Kleingartenkolonie gleich neben dem Frankenstadion

Es ist elf Uhr morgens an einem Sonntag. Niemand ist da. Gestern hat es noch mal kräftig geschneit. Immer noch liegt überall Schnee. Und das mitten im März. Die engen Wege durch die Kolonie bieten kaum Platz für zwei Schlanke. Besonders jetzt im Winter. Links und rechts von den zugeschneiten Engpässen: Hecken kniehoch und Gartentürchen etwas höher. Schon bin ich mittendrin in der idyllischen Kolonie des Kleingartenvereins Zeppelinfeld e. V. – direkt neben dem Frankenstadion hinter der Gegengeraden mit den Blöcken 14 bis 24 und zwischen dem Max-Morlock-Platz sowie der lang gezogenen Hans-Kalb-Straße.

Rundrum stehen gedrungene, mit Schnee bedeckte Holz- und Steinhäuschen. Weiße Pfade führen zwischen den meist quadratischen, heute mit Pappschnee bedeckten Rasenstücken hindurch. Das vielstimmige Vogelgezwitscher aus allen Bäumen verkündet den unaufhaltsam nahenden Frühling. Vielleicht kommt er ja schon morgen. Keine einzige Menschenseele weit und breit stört die majestätische Stille direkt neben dem Frankenstadion.

Gestern hat der Club ein Spiel in Freiburg gewonnen. Das er nie hätte gewinnen dürfen. So schlecht war der 1. FC Nürnberg. Und so viel Pech hatten die Freiburger – auch mit dem Schiedsrichter. Diesmal wird das für Freiburg den Abstieg bedeuten, so wie die Niederlage gegen den SC vor einigen Jahren gleich nebenan für den 1. FC Nürnberg den selbst verschuldeten Abstieg bedeutete.

Auf der dem Stadion abgewandten Seite stehen in der viel befahrenen Beuthener Straße modern-hässliche würfelförmige Hochhäuser mit der Landesaufnahmestelle des Freistaates Bayern. Rund ums Frankenstadion werden zwangsläufig Erinnerungen an die unselige NS-Zeit in Deutschland wach. Ein Teil der insgesamt über 100 000 Zwangsarbeiter in Nürnberg war an der Regensburger Straße gleich hinter der Beuthener Straße untergebracht. Dort, wo jetzt das WM-Organisationsbüro für die Fußballweltmeisterschaft 2006 ist. Der Weg am ehemaligen Reichsparteitagsgelände mit dem neuen Dokumentationszentrum am Großen Dutzendteich führt den Stadionbesucher – wenn er will und Zeit hat – schon in einer halben Stunde zu Fuß an St. Peter vorbei zur im Krieg total zerbombten, aber in den Nachkriegsjahren wieder aufgebauten schönen Nürnberger Altstadt.

In die Gartenkolonie verirren sich im Winter selten die Spaziergänger und Vereinsmitglieder – und schon gar nicht an diesem Sonntag, denn der Kleingartenverein hält heute um vierzehn Uhr seine wichtige Jahreshauptversammlung ab. So bleibt mir der sonntägliche Genuss absoluter Ruhe gleich neben dem schlafenden Stadion. An solch ruhigen Sonntagvormittagen im Winter kann man als einsamer Wanderer durch die Kleingartenwege neben dem Stadion alle unseligen Geschichten, die sich im oder ums Stadion früher abspielten, glatt für eine Stunde vergessen oder zumindest verdrängen.

Ich biege nach links in den Nelkenweg ein. In der Abteilung II an der dritten Gartentür finde ich ein Schild mit folgendem Spruch:

Wenn du diese Fragen eindeutig mit Ja beantworten kannst, bist du herzlich willkommen:

1. *Bist du gut drauf?*
2. *Kommst du mit fröhlichen Absichten?*
3. *Bringst du gute Laune mit?*
4. *Lachst du gerne?*
5. *Bist du ein netter Mensch?*

Nur gut, dass heute keiner auf Besuch warten kann. Dann kommt der Finkenweg – tatsächlich auch mit singenden Finken. Mitten zwischen den Gartenhütten und Gartenhäuschen weht doch tatsächlich voller Stolz eine große Fahne des 1. FCN. Eine kleine Freude kommt auf.

Vielleicht steigen sie diese Saison tatsächlich mal nicht ab. Aber noch ist nichts sicher. Wer den Club gut genug kennt, weiß das. Acht Punkte Vorsprung auf den ersten Abstiegsplatz, das klingt zwar gut. Aber es ist ja erst März. Und es sind noch neun Spieltage. Sicher ist da noch nichts. Als ob jemand meine Gedanken gelesen hätte, lässt der Wind urplötzlich nach. Schon erschlafft die eben noch kecke, unbekümmerte Clubfahne im Finkenweg.

Doch schon bei den nächsten positiveren Gedanken meldet sich wieder ein Windstoß. Und schon lacht die FCN-Fahne wieder. Und sie weht noch lange jubelnd im Wind und träumt vom Ball. Ich schlendere mit Fotoapparat und schönen Aufnahmen von der Fahne – und ganz ohne Gedanken ans Mikrofon – durch den Tulpenweg, den Drosselweg und den Rosenweg.

Ich bin so nah und doch so weit, ganz weit weg vom Stadion. Und freue mich an der Kleinigkeit des Wandelns durch eine leere Gartenkolonie: Weißdornweg, Ginsterweg, Birkenweg, Eichenweg, Chrysanthemenweg, Narzissenweg, Dahlienweg, Zeisigweg, Lerchenweg, Fliederweg, Anton-Uller-Weg, Azaleenweg, Quittenweg, Jupiterweg, Marsweg und Schuttplatzweg. In der verschneiten Kleingarten-Kolonie Zeppelinfeld, nur einen langen Einwurf neben dem Frankenstadion, Gegengerade.

Bereits am nächsten Tag, dem Montag, komme ich an der gleichen Stelle vorbei. Ich bin beschwingt nach dem Presse-Kick (wir hatten gegen die eigentlich Besseren hoch gewonnen) und unserem anschließenden Stammtisch. Inzwischen lacht endlich und lang ersehnt die erste Frühlingssonne über der gesamten Gartenkolonie. Es ist plötzlich warm. Entkräftet rutscht hinter der Gartenwirtschaft der feuchte Schnee von den knallroten Lehnen der

Plastikstühle. Man kann zusehen, wie er matt und lustlos auf den Sandboden fällt.

Das leuchtende Blutrot der noch leeren Gartenstühle erinnert mich an das Rot der neuen Bestuhlung im Frankenstadion. Nach diesem ereignisreichen Wochenende der schnellen Ergebnis- und Wetterwende sind auch wieder die Träume vom Frühling und vom Klassenerhalt erlaubt. Es verspricht, ein unbeschwerter Sommer zu werden. Sicher auch mit Siegesgesängen, die in der nächsten Saison vom nahen Stadion durch die Kleingartenkolonie Zeppelinfeld wehen. Trotz allem – und komme, was da immer kommen möge.

Nürnberg

»Nürnberg ist die Stadt der eher leisen Töne, dafür aber auch der umso größeren Überraschungen. Nürnberg ist ein wirklicher Geheimtipp für alle Besucher. In dieser Stadt der kurzen Wege kann jeder Fußball, Geschichte, Kultur und gute Unterhaltung bei zivilen Preisen und umrahmt von Nürnbergs wunderschöner fränkischer Umgebung mit idealer Verkehrsanbindung an Deutschland und Europa erleben und genießen. Ganz Franken und Nürnberg freuen sich auf ihre Gäste aus aller Welt.« (Das ist mein persönlicher WM-Eintrag auf der Internet-Seite der Stadt Nürnberg)

Nürnberg ist meine selbst gewählte Heimatstadt. Mittlerweile dürfte es bekannt sein, dass ich zwar ein »Ehrenfranke« (Fitzgerald Kusz) beziehungsweise ein Wahl- oder Überzeugungsfranke bin. Ich bin nicht in Nürnberg geboren, sondern zum Kriegsende in Traunstein aufgewachsen. Dort kam ich zum ersten Mal mit dem Fußball in Berührung. Dort ging ich auch in die Volksschule, doch anfangs der vierten Klasse zogen wir nach München um, weil mein Vater in Schwabing eine Wohnung für die fünfköpfige Familie gefunden hatte und dann später am Flughafen Riem Leiter der Flugsicherung wurde. In München verbrachte ich wunderbare, wenngleich eher karge Jahre der Kindheit und Jugend. Dort machte ich auch Abitur und studierte, dort versuchte ich mich als Leichtathlet beim MTV 79 und spielte Fußball, sehr viel Fußball. Erst nach meinem ersten Lehrerexamen 1964 kam ich nach Nürnberg. Ich blieb aus Überzeugung – zum einen weil es in Nürnberg damals schon die Gemeinschaftsschule als Regelschule gab, aber sicher auch wegen meiner Fußballfreunde vom TSV Falkenheim und den überaus netten Menschen in Nürnberg.

Der Franke lächelt selten bis gar nicht. Er arbeitet, schweigt, schaut bisweilen wolkenverhangen bis grimmig in die Gegend. Dabei beobachtet er stets wachen Auges alles um ihn herum. Sollte sich aber doch der Anflug eines Lächelns auf seinem Gesicht verirren, dann ist entweder ein Schäuferla mit Kloß in Reichweite – oder aber der Club hat gewonnen. Franken in seiner Vielfalt und Beschaulichkeit ist und bleibt ein Kleinod und ein Geheimnis, genauso wie Nürnberg und sein 1. Fußballclub Nürnberg.

Nürnberg selbst ist eine Stadt, in die man sich verlieben kann. Wenn man es gelernt hat und sich die Zeit nimmt, genau hinzuschauen. Gutes und Großes geschieht dort eher im Stillen. Modernes und Traditionelles geben sich einträchtig die Hand. Der Franke und speziell der Nürnberger ist kein Freund großer Worte – es sei denn, es geht um seinen Club. Dann quillt es aus ihm förmlich heraus. Das herrliche und nahe Umland wächst fast bis in die eingemeindeten Stadtrandbezirke: Die Fränkische Schweiz, die Hersbrucker Schweiz, das Knoblauchsland, Oberfranken, Unterfranken, Mittelfranken, die nördliche Oberpfalz und im Süden Nürnbergs das herrliche fränkische Seenland. In der Mitte von all dem: Nürnberg.

Nicht nur aufgrund der Lage weltoffen, ist und bleibt für mich Nürnberg aus Überzeugung Kleinstadt und Großstadt zugleich, die kleinste Großstadt, die größte Kleinstadt – je nachdem, wie man es als Nürnberger gerade gerne hätte. Eine besondere Wohltat in Nürnberg: es gibt keine Promis und wenn, dann nur geleaste und auch die nur für zwei, bis maximal drei Stunden. Sie karrt ein umtriebiger, jetzt hier lebender Autoverkäufer eigens aus München zu Werbezwecken nach Nürnberg. Auch gibt es keine so genannte Szene und vor allem keine Bussi-Gesellschaft in der Lebkuchenstadt. Das muss Nürnberg erst mal einer nachmachen! Nürnberg gibt jedem mehr Zeit zum Leben. Bei uns ist es schick, nicht schick zu sein. Wunderbar!

Mit der Nachbarstadt Fürth verbindet Nürnberg eine lang gepflegte Abneigung. Regelrecht gefährlich wird es für Autofahrer aus der Zweitligastadt. Schon ein einziger Fahrfehler genügt und sie werden angehupt.

Diese »alte Liebe« zur Nachbarstadt trieb schon in den zwanziger Jahren seltsame Blüten. Damals stellten nur Nürnberger und Fürther die Fußballnationalmannschaft. Man reiste zwar gemeinsam zum Länderspiel nach Holland – fuhr aber in getrennten Abteilen und wechselte bis zum Anpfiff in Holland kein Wort. Das Länderspiel wurde dennoch gewonnen.

Und wer's noch nicht weiß: Nürnberg (GfK u. a.) ist zusammen mit seinen Nachbarstädten Fürth (Playmobil u. a.), Erlangen (Uni, Siemens sowie innovative Medizintechnik u. a.), Herzogenaurach (Adidas, Puma) und Schwabach sogar offiziell europäische Metropolregion. Wer kann das schon von sich behaupten? Typisch nürnbergerisch und fränkisch allerdings, dass man das für sich behält und niemandem verrät.

Nürnchenberger

Als Flüchtlingskind habe ich in Traunstein, Oberbayern, zusammen mit den Geschwistern und der Mutter die Bombennächte miterlebt. Ich wurde dort trocken gelegt und habe das Sprechen und Laufen gelernt. Nach Gymnasialzeit, Abitur und Studium in München-Schwabing bin ich aber aus freien Stücken und ohne Not nach Nürnberg gezogen. Getreu dem Motto »Wer A sagt, muss auch B sagen« näherte ich mich dabei beinah zwangsläufig auch dem 1. FC Nürnberg. Und aus der anfänglich fast widerwilligen Annäherung wurde im Laufe von über vierzig Jahren eine loyale, aber journalistisch-kritische und dennoch intensive Zuneigung.

Dass beides sehr wohl zusammenpasst, wurde und wird von manchen Franken leider immer noch genauso wenig verstanden, wie meine ebenfalls kritische aber aus guten Gründen durchaus auch positive Einstellung zum FC Bayern München. Schade, dass manche aufgrund meiner Tonlage, der Länge, der Lautstärke und der Inbrunst meines Torschreis, jeweils krampfhaft versuchen, so etwas wie ein Glaubensbekenntnis oder eine Parteinahme für oder gegen den einen oder den anderen Verein herauszuhören. In solchen Momenten geht es doch einzig und allein um die Schönheit des Fußballspiels, unseres Fußballspiels – und nicht um irgendeinen Verein.

Gerne freilich gebe ich zu, dass ich, vermutlich aufgrund von über vierzig Jahren des Pendelns zwischen Nürnberg und München (familiär wie beruflich), streng genommen fast so was wie ein Nürnchenberger geworden bin.

Nachspielzeit

Live – Die ARD-Konferenz und »Heute im Stadion« vom 29. Mai 1999

Erstmals komplett transkribierte und kommentierte Reportage vom Spiel 1. FC Nürnberg gegen SC Freiburg

Noch einige Minuten vergehen mit Hinweisen und Vorberichten aus anderen Fußballstadien Deutschlands. Ich sitze an meinem Reporterplatz, vor wenigen Minuten hat die Sendung »Heute im Stadion – Fußball pur« im Programm Bayern 1 begonnen. Der Moderator ist natürlich Christoph Deumling. Er spielt die Stimmen der Fans vor dem Spiel ein. Ich konzentriere mich auf das, was die Fans in »meinem« Stadion, also im Frankenstadion sagen.

Wir haben 5 Tore Vorsprung, wenn Frankfurt gewinnt, und ich meine das reicht auf jeden Fall. Das ist wie ein Sechser im Lotto. Wir packen es, ohne Wenn und Aber!

Nun kommentiert der Kurvenreporter Florian Hecht:

»Ohne Wenn und Aber will auch Trainer Friedel Rausch einen Sieg, denn sicher ist sicher. Für Bernhard, der schon seit Jahren hier ins Stadion kommt, und der auf seiner Jeansjacke mehr Unterschriften der Profis hat als die Profis Punkte in der Liga, für den wird es allerdings ein ganz komisches Spiel. Der hat nämlich hier eine düstere Prognose für das heutige Spiel.«

Bernhard mit seiner Prognose:

»Ich befürchte heute ein ganz grausames Unentschieden-Spiel. Weil Freiburg tut sich nichts, wenn sie unentschieden spielen, Nürnberg tut sich nichts, wenn sie unentschieden spielen. Also ich hoffe wenigstens, dass es ein gutes Unentschieden-Spiel wird, aber ich befürchte, dass es eher grausam wird.«

Und nochmals Florian Hecht:

»Aber das wäre ja grausam, wenn es grausam würde.«

Bernhard:

»Ach, man ist leidensfähig. Wenn man jahrelang hier mit Dauerkarte reinläuft, erlebt man alles Mögliche. Ob das irgendwelche Schmiergelder waren, ob das Abstiege waren, ob das Aufstiege waren, ob das eine Niederlage gegen Bayern oder wie das letzte Mal ein Sieg gegen Bayern war, es zählt alles. Man ist es gewöhnt. Es gehört dazu.«

Unmittelbar vor Spielbeginn um 15.28 Uhr ruft dann Christoph Deumling erstmals den Reporter im Nürnberger Frankenstadion:

»Im Fußball ist alles möglich. Deswegen die Frage an Günther Koch: Ich gehe einmal davon aus, die Cluberer nehmen dieses Spiel heute sehr, sehr ernst. Wer darf denn dieses Spiel so ernst nehmen, dass er das Clubtrikot von Anfang an trägt?«

15.29 Uhr

Köpke, Günther, Baumann, Oechler, Kuka, Gerber, Weigl, Nikl, Störzenhofecker, van Eck und wer fehlt als Elfter und er spielt? Sascha Ciric. Und bei dem weiß man nicht ganz genau, ob dieser sympathische Spielführer Sascha Ciric, der jetzt mit der Mannschaft aufs Feld geht, eventuell den Club verlassen sollte. Er hat nämlich Topangebote von Vereinen, bei denen er sehr viel mehr als beim Club verdienen würde. Verhandlungssache in den nächsten zehn Tagen. Auf der Bank sitzt Thomas Ziemer. Er wird eingewechselt werden. Es fehlt Markus Lösch wegen Verletzung. Das habe ich schon in Rostock den Cluberern mitteilen müssen.

Und danke, danke, lieber Michael Wiesinger, er wird heute verabschiedet, dieser Mann, der so sympathisch hier für den Club gespielt hat seit der Saison 1993/94. Damals mit Sutter und mit Köpke und mit all den anderen in die Regionalliga abgestiegen, dann aufgestiegen, und der jetzt zum FC Bayern gehen wird. Er muss noch verabschiedet werden. Das passiert in der nächsten Minute. Wir wünschen ihm viel Glück bei Bayern München, und sicher wird er öfter spielen als manche hier im Frankenland annehmen. Ganz wichtig wird das Spiel, Christoph! Hauptsache, der Club verliert nicht. Und wir sind dabei.

Offenbar bin ich zu dem Zeitpunkt noch von keiner bösen Ahnung befallen. Dennoch rutscht mir bereits ein erster, skeptischer Satz heraus: »Hauptsache, der Club verliert nicht.« Das wirkt fast deplatziert. Die Cluberer haben doch vor zwei Wochen noch an gleicher Stelle den Meister FC Bayern München durch Tore von Driller und Ciric mit 2:0 geschlagen. Da wird es doch wohl gegen den SC Freiburg auch klappen, oder? Im Grunde geht es an diesem letzten Spieltag in der Saison 1998/1999 für Nürnberg um fast nichts mehr. Die können sich mit drei Punkten Vorsprung und vier Mannschaften hinter sich sogar eine Niederlage leisten. So die Meinung aller Experten vor dem Spiel. Dann der nächste Ruf ins ausverkaufte Frankenstadion von Christoph Deumling:

»Günther, sie packen es, die Cluberer, wir packen es. Auf geht's!«

15.31 Uhr

Die Cluberer werden es packen. Auch mit dem »Ö«. Da haben mich ja manche angesprochen nach der Reportage aus Rostock, ob ich nicht mehr »Oechler« sagen könnte, weil das so nach einem Stotterer geklungen hatte: »Ö...Ö...Ö...Ö...chler«. Hier nennen wir ihn halt den »Ö«. Und auch der Florian Hecht, der diese Atmosphäre hier mitbekommt im Frankenstadion, sagt es immer wieder: Das ist einfach schön. Das hier ist einfach familiär schön. Nicht in jeder Hinsicht erstklassig, aber liebevoll, natürlich und normal. Der Anstoß ist noch nicht erfolgt. Natürlich aufgeregt Friedel Rausch im roten Hemd und in der langen hellen Hose. Neben ihm Thomas Brunner und die anderen Männer auf der Bank, zum Beispiel auch der Charakterkopf, der Helmut Rahner, der ja möglicherweise nach England geht, wenn er hier keinen Vertrag bekommt. Die würden sich sicher freuen über so einen Verteidiger.

Was soll ich sagen? Freiburg mit vielen Ersatzleuten, das muss man wirklich erwähnen. Da spielt ein Mann mit, der hat bisher immer nur in der Oberliga bei den Vertragsamateuren gespielt, Tobias Willi. Ein ganz junger Hupfer. Einmal hat er zehn, zwölf Minuten bei Freiburg ausgeholfen. Die sympathischen Freiburger mit dieser alternativen Einstellung zum Fußball-Leistungssport in der Bundesliga und mit diesem hervorragenden Trainer Finke werden hier alles daransetzen, zumindest einen Punkt zu holen. Freuen wir uns also auf ein schönes Spiel. Die ersten Ballwechsel waren uninteressant. Das Ergebnis ist nichts Neues, 0:0. Zurück zu Bayern 1.

»Nicht in jeder Hinsicht erstklassig«... Ja, was soll denn das schon wieder heißen. Ich kann es nicht lassen und muss immer ein Haar in der Suppe finden. So verdirbt man die Festtagsstimmung! Es ist doch alles vorbereitet worden für die große Klassenerhaltsfeier mit Freibier nach dem Spiel.

Mittlerweile führt Sechzig 1:0 gegen Schalke. Torschütze Cerny, vierte Minute, Vorarbeit Schroth. Eins von vielen heute vollkommen unwichtigen Spielen. Ob Schalke Tabellenzehnter wird oder nicht, wen interessiert das schon? Übrigens kann auch der Club mit einem Sieg gegen Freiburg Zehnter werden. Der TSV 1860 München bleibt so oder so Neunter – egal, ob er gewinnt oder verliert.

Um 15.35 Uhr ruft Christoph Deumling das nächste Mal Nürnberg:

> »Einen Auftakt nach Maß wünschen wir uns natürlich auch im Frankenstadion. Das Ergebnis der Löwen ist überhaupt nicht von Belang für den Abstiegskampf oder für das, was da oben noch in Richtung Champions League oder UEFA Cup-Qualifikation geschieht. Aber in Sachen Abstieg, da gilt es heute ins Frankenstadion zu schauen und auch in die anderen Stadien. Da ist aber noch nichts passiert. Deswegen Günther Koch, vielleicht auch ein Traumstart für den Club?«

15.35 Uhr

Störzenhofecker schön auf Kuka, Oechler am Ball, aber da verspringt er ihm. Schön abgewehrt von diesem Tobias Willi. Das ist übrigens nicht einer mit der Nachsilbe -wili, davon gibt es ja einige. Die meisten können heute allerdings nicht mitspielen, zum Beispiel Iaschwili und auch der Zkitischwili und wie sie alle heißen. Sondern der heißt wirklich Willi, allerdings mit Nachnamen. Tobias Willi, dieser Vertragsamateur. Vorhin hat er schon einmal eine gute Szene gehabt, aber da hat er nicht aufgepasst. Da war ihm in einem Zweikampf der Ball wieder zugeflogen an sein verlängertes Rückgrat. Aber das hat er zu spät gemerkt. Es steht 0:0. Der Club versucht es immer wieder über die rechte Seite mit Störzenhofecker und mit Kuka. Aber eine Torschussgelegenheit, auch eben bei dieser geschilderten Szene mit dem Oechler, ist nicht herausgesprungen.

Sicherheitsfußball zunächst bei den in dunkelblauen Trikots – ich habe überlegt, ob man sagen könnte seemannsblau – und weißen Hosen spielenden Freiburgern, die noch überhaupt nicht in die Nähe des Clubstrafraums gekommen sind. Jetzt hat der Ciric etwas geschoben, dann wurde er zurückgeschoben, aber er bekommt den Freistoß. Ciric, dieser sympathische Spielführer. Sascha, der die entscheidenden Tore in der zweiten Liga geschossen hatte, damit die Cluberer überhaupt aufsteigen konnten, bekommt jetzt einen Freistoß.

Die wichtigen Tore in der ersten Liga hat auch er gemacht zusammen mit Kuka. Kuka vorne am Sechzehner. Ciric ebenfalls am Sechzehner. Den Freistoß ausführen wird jetzt wohl Gerber. Wird auch höchste Zeit, dass er es macht. Er macht ihn aber nicht weit. Er spielt zunächst einmal auf den Ö, der Ö an der linken Strafraumecke lässt liegen für Gerber, der kommt mit zu viel Schwung an den Ball, und der Ball springt ihm vom Fuß über die Torauslinie, neben der linken Eckfahne vorbei ins Aus zur Südkurve. Damit wissen Sie, liebe Hörerinnen und Hörer, die Sie keine Karte mehr für das Frankenstadion bekommen haben: ausverkauftes Frankenstadion. Der Club spielt mit den Fans im Rücken in Richtung Gästekurve und da sind einige Anhänger der Schwarzwälder. Der Köpke bekommt zum ersten Mal den Ball. Wassmer kommt zu spät, war auch ungefährlich. Van Eck, dieser gute Manndecker auf der linken Seite, zehn Meter vor der Mittellinie, fünf Meter von der Mittellinie, auf der Höhe der Mittellinie Querpass zu Gerber, Gerber zu Günther nach vorne gespielt. Günther läuft nach, versucht den Ball sich vorzulegen. Könnte jetzt flanken … hau den Ball endlich rein! Jetzt kommt die Flanke genau auf einen Freiburger. Das war nichts besonders Gutes. Aber das kann ja noch besser werden.

Bleiben wir am Ball: Die Freiburger vorne mit einer einzigen Spitze im Moment und zwar mit Uwe Wassmer, dem 33-Jährigen. Er wird beschattet, und zwar gut beschattet, von Nikl, der andere ausgezeichnete Manndecker beim 1. Fußballclub Nürnberg. Holt ihm jetzt den Ball vom Fuß, bekommt einen Freistoß und zwar im Mittelkreis. Wir sind direkt am Ball, und ich sage Ihnen immer wieder, wenn es etwas Neues gibt. Bisher nichts Neues, 0:0. Zurück zu »Fußball pur«, zu Bayern 1 und zum Christoph.

Der Rhythmus, der Klang der Stimme, alles noch normal, freundlich bis heiter. Ich scheine noch nichts zu ahnen. Aber das Spiel ist erst wenige Minuten alt. Dasselbe gilt für alle anderen Spiele. Um 15.40 Uhr – in allen Bundesligastadien Deutschlands sind zehn Minuten gespielt – kommt der nächste Ruf in das Frankenstadion. Der Moderator in München erinnert daran, dass das nächste Heimtor der Nürnberger das sechshundertste in Nürnbergs Bundesligageschichte wäre. Und er fragt mich, wer es denn machen könne.

15.41 Uhr

Kuka könnte es machen. Kuka vor der Torauslinie müsste zurückpassen oder dribbeln neben der rechten Eckfahne, wartet auf seinen Gegner, zieht ihn mit, spielt den Ball schön zurück zum Sambatänzer, zum Weigl. Der weiter – Kopfballgelegenheit für Ciric. Die Fahne ist oben, Abseits. Der Weigl wie ein Sambatänzer, er, der das 2:1 gegen Leverkusen gemacht, dann gegen Bayern das 2:0 vorbereitet hat. In Leverkusen hat es gescheppert, bitte melden …

Hans-Peter Pull »geht« dazwischen und meldet aus Leverkusen

das 1:0 für die Bayern durch Mario Basler. Wieder ein frühes Basler-Freistoßtor, so wie vor drei Tagen in Barcelona gegen Manchester United im Champions League-Finale. Diesmal aus 25 Metern, Mittelstürmerposition. Ein Abwehrspieler in der Mauer der Leverkusener hat den Ball wohl abgefälscht. Dann gibt mein aus Duisburg stammender BR-Kollege wieder zurück zu mir: »Weiter nach Nürnberg ins Frankenstadion«

… wo der Weigl, von dem habe ich gerade geschwärmt, wunderbar wie ein Sambatänzer seinen Gegner ausgeschwanzt und ausgetanzt hat. Und dann gab es die Vorlage auf Kuka und dann gab es die erste gefährliche Situation mit einem Eckstoß. Aber es steht immer noch 0:0, und Freiburg zum ersten Mal gefährlich im Strafraum der Nürnberger. Vorsicht, Schuss! Köpke!

Aus der Drehung! Was für ein Ding: Ali Günes, der 20-Jährige und der erste der beiden Keeper, die den gleichen Dress anhaben, der in Tauchaktion treten musste, das war der Köpke. Na, da schaust du wieder: 0:0, so schnell kann es gehen! Wir wissen das! Wir alle wissen das! Und dieses Spiel ist enorm wichtig für beide Mannschaften. Frankenstadion. 1:0 wäre gut für Freiburg, genauso gut für die Cluberer. Aber 0:0 ist hier der Spielstand. Und jetzt nach dieser Torchance, und da sahen sie hinten wirklich nicht gut aus, und das hat er toll gemacht, der 20-jährige Ali Günes. Da musste der Köpke wirklich zeigen, dass er ein klasse Torhüter ist. Herrliche Temperaturen, ideale äußere Bedingungen.

Baumann, Baumann, von dem man auch nicht genau weiß, wo er nächstes Jahr hingeht, ob er beim Club bleibt. Der lächelt dann immer so verschmitzt, wenn man ihn fragt, spielt wunderbar auf Kuka. Kuka könnte den Ball weitergeben zu Ciric. Ciric mit einer ungenauen Weitergabe, dazwischen gegangen ist Marco Weißhaupt, der 26-jährige Freiburger. Jetzt spielen sie sich den Ball zu. Der Ball ist wieder bei Tobias Willi. Vorhin habe ich Ihnen von den -wilis einiges erzählt. Ein Kobiaschwili sitzt noch auf der Bank. Also, wo der Wille ist, da ist auch der Weg, so sagen sich die Männer um Willi. Aber es reicht für die Schwarzwälder bisher auch nur zum 0:0. Etwa 16 Minuten gespielt und das sechshundertste Bundesligator, noch dauert es. Aber nur ein bisschen, Christoph.

Woher will ich das denn wissen? Und dann diese Andeutungen nach der Parade vom Nürnberger Torhüter Andreas Köpke: »So schnell kann es gehen! Wir wissen das! Wir alle wissen das!« Was bildet der sich eigentlich ein, denken sich sicher auch viele mit dem kleinen Transistorradio im Frankenstadion. Die meisten haben heute nur eine einzige Sorge: Nachher beim Feiern auf der Bayern-3-Bühne nicht nah genug an die Mannschaft heranzukommen. Die planen, sich bereits in der Halbzeit dort draußen am Max-Morlock-Platz günstige Plätze zu erkämpfen. Nur deshalb haben sie ihr Radio dabei.

Kurz nach 15.45 Uhr gebe ich aus dem Frankenstadion zurück nach München. In Frankfurt beim Spiel gegen Kaiserslautern steht es immer noch 0:0. Ebenso in Bochum beim Spiel des VfL Bochum gegen Hansa Rostock. Schon kommt der nächste BR-Abruf aus München. Der große Zeiger auf der Uhr nähert sich langsam der Zwölf.

15.51 Uhr

In Nürnberg steht es 0:0, hier im Frankenstadion. Und die Freiburger kommen immer näher vor das Tor von Köpke. Sie kriegen jetzt einen Einwurf, durch Willi, ist schon klar, Tobias Willi. Eingeworfen, kurz eingeworfen, schöne Körpertäuschung vom Baya. Baya verliert aber den Ball. Der Schiedsrichter gibt jetzt die gelbe Karte.

Und zwar die gelbe Karte gegen Baya, der da zu robust eingestiegen ist. Hoffentlich gibt er ihm nicht mehr. Also eine Karte ist schon einmal da, die gelbe Karte. Die gelbe Karte gegen Zoubaier Baya. Nun aber Ciric mit einem Heber und der Freiburger Torhüter Golz hat den Ball. Immer noch 0:0, Rückruf ins Funkhaus!

Nach gespielten zwanzig Minuten weiß ich immer noch nicht, was ich von dem Spiel halten soll. Ich vermeide deshalb jegliche Zwischenanalyse. Und doch: Der geübte Hörer, der seine Samstagsbegleiter aus den Stadien kennt, spürt wahrscheinlich bereits, dass ich mich nicht ganz wohl fühle in meiner Haut. In Gedanken bin ich tatsächlich woanders, vor allem in Frankfurt, in Bochum, aber auch in Stuttgart. Überall dort nämlich, wo die weiteren abstiegsgefährdeten Mannschaften zur gleichen Zeit hinter dem Ball herjagen. Während die aufmerksamen »Heute im Stadion«-Hörer zwischen Bad Reichenhall und Aschaffenburg vielleicht ebenfalls darüber nachdenken, kommt schon der nächste Ruf nach Franken.

15.56 Uhr

Die Sonne scheint. Die Sonne strahlt über dem Frankenstadion. Hier bei 43 000 Zuschauern: Abstiegskrimi. Und zwar 1. Fußballclub Nürnberg gegen Freiburg. Aber es steht immer noch 0:0. Tolle Chance vorhin von Günther, aufgelegt von Ciric. Aber eine hervorragende Parade vom Torhüter der Freiburger, von Golz. Jetzt tanzt er wieder Samba, der Weigl, legt den Ball zurück, bekommt ihn sofort wieder angespielt. Doppelpass: schön mit Störzenhofecker, kann sich lösen, ist im Strafraum, aber elegant und schnell dazwischen gegangen Boubacar Diarra, der Dunkelhäutige, und der bringt den Ball über die Seitenlinie zum Einwurf der Nürnberger.

Zwanzig Meter vor der rechten Eckfahne. Weigl, wird er Kuka bedienen können oder vielleicht Baumann, der nach vorne gerückt ist, oder Ciric? Nein, er macht es kurz. Bis jetzt macht er noch gar nichts. Jetzt macht er es immer noch nicht. Jetzt wirf doch mal endlich ein! Jetzt hat er eingeworfen und zwar auf den aufgerückten Manndecker Nikl, auf der Höhe der Seitenlinie. Rückpass zu van Eck, der einige Schwierigkeiten mit Wassmer hat. Die Cluberer probieren es über die linke Seite, also von der rechten Seite auf die linke Seite. Von links jetzt mit dem rechten Fuß die Flanke, aber nicht zum Elfmeterpunkt, sondern zum Aus. Club gegen Freiburg 0:0.

Aus heiterem Himmel spreche ich von einem »Abstiegs-Krimi«. Wie komme ich dazu? Sommerfußball am letzten Spieltag, vor allem, wenn beiden Mannschaften ein Unentschieden reichen würde. Noch ist doch alles friedlich. Immer noch steht es in Frankfurt 0:0. Es steht in Bochum 0:0. Es steht in Nürnberg 0:0. Also überall dort, wo es heute gegen den Abstieg geht. Nur Stuttgart führt 1:0 gegen Bremen. Der Abstieg für Nürnberg ist immer noch reine Phantasie und ganz, ganz weit weg.

Ja, natürlich der VfB Stuttgart mit Trainer Rangnick ist zu diesem Zeitpunkt bereits vorbeigezogen am Club. Er steht in der momentanen Abschlusstabelle genau dort, wo Nürnberg vor Beginn des letzten Spieltags stand, also auf Platz zwölf. Der Club rutscht in dem Moment auf Platz dreizehn. Aber deswegen ist das doch noch lange kein »Abstiegs-Krimi«.

Zweieinhalb Minuten später meldet sich das fast heraufbeschworene Unheil langsam an. Ich bin jetzt erstmals auf Hundert. Bei mir werden alle schlimmen Club-Erlebnisse wach. Obwohl der Club immer noch weit weg von einem Abstiegsplatz ist, bin ich schon fast verzweifelt. Vielleicht hätte man mich zur Pause ausgewechselt.

15.59 Uhr

1:0 für Freiburg! Ich pack das nicht! Fehlpass vorne, Kuka kommt zu spät und Ciric kommt zu spät. Dann der Konter: Zunächst langsam angetrabt von Wassmer, dann schön und klug auf die linke Seite gespielt, und zwar zu Willi. Und dann kommt eine scharfe Flanke am Tor von Köpke vorbei. Und da konnte Köpke nicht rausgehen. Dann ein Schuss aus nicht unbedingt günstigem Winkel, aber ein ganz scharfer Kracher. Und Freiburg führt durch den Ali Günes, den dunkelhaarigen, leichtfüßigen 20-jährigen Buam, der aus Villingen nach Freiburg gegangen ist. Also Freiburg führt mit 1:0. Allmächt! Zurück ins Funkhaus.

»Allmächt«, das sage ich eigentlich nur in allerhöchster Not. Zuletzt in den achtziger Jahren, als Jörn Anderson für die Cluberer in München gegen die arroganten Bayern dreimal das leere Tor nicht traf. Ein erstes, noch kleines Entsetzen erfasst die schreckbaren Geister unter den Hörern. Neunzig Sekunden später dann der nächste Abruf nach Nürnberg.

16.02 Uhr

Das ist genau das, was nicht passieren durfte. Jetzt wird man natürlich nervös. Jetzt schleichen sich noch mehr Fehler ein. Weigl in der Hälfte der Freiburger auf der rechten Seite, Rückpass in die eigene Hälfte zu Ö, der ist jetzt im Moment in der Position und Funktion eines Liberos. Zaghaftes, langsames Antreten. Spiel auf Nikl, halbrechte Verbindung in der Hälfte der Freiburger, die mit 1:0 führen. Ciric kann an diese Flanke von Oechler nicht gehen.

Freiburg wird jetzt stabiler und souveräner. Freiburg führt durch diesen Treffer von Günes, diesem 20-Jährigen, diesem ganz jungen Kerl, mit 1:0. Das ist in seinem 32. Spiel erst sein drittes Tor. Freiburg hat fast nichts getan, hat auf Fehler der Nürnberger gewartet.

Dann kam ein haarsträubender Abspielfehler, ich glaube von Nikl. Kuka und Ciric guckten entgeistert, als der Ball verloren war. Und dann im Drei-gegen-Drei-Spiel macht Freiburg das 0:1. So viel aus dem Frankenstadion, zurück zu Bayern 1.

Die Sonne strahlt immer noch. Überall – außer in Stuttgart, Leverkusen, Duisburg (1:1 gegen Wolfsburg) und Berlin (1:0 gegen den Hamburger SV) – steht es noch 0:0. Auch beim Spiel Bochum gegen Rostock, das neben Frankfurt am stärksten vom Abstieg bedroht scheint, ist noch kein Tor gefallen. Und immer noch 0:0 in Frankfurt. Aber ich ahne Schlimmes.

16.04 Uhr

Ein Punkt wäre überlebenswichtig für die Herren des ersten Fußballclubs Nürnberg. Die Damen können ja morgen um vierzehn Uhr am Valznerweiher im Aufstiegsspiel zur Fußballbundesliga gegen Crailsheim ihren Aufstieg perfekt machen, aber die Männer liegen hinten, die Cluberer, mit 0:1 gegen Freiburg. Das kann ganz, ganz bitter enden. Man wagt gar nicht, zurückzudenken an den 6. Mai 1994 im Dortmunder Westfalenstadion. Die Cluberer stehen etwas unter Druck, denn Freiburg spielt natürlich jetzt ganz locker.

Das Einzige, was die Nürnberger in den letzten paar Minuten zustande brachten nach dem Führungstor durch Ali Günes war ein herzhafter Fernschuss von Oechler. Aber er wurde mit einer tollen Parade von Richard Golz pariert. 0:1 gegen die Cluberer, das muss sich ändern. Zurück zu Bayern eins.

Ein frommer Wunsch, wie sich zwölf Sekunden später herausstellen sollte:

16.06 Uhr

Also, das ist nicht zu fassen. Haltet euch fest! Bleibt's ganz ruhig, aber wir haben schon so viel erlebt. Er macht das – Sie ahnen das Schlimme – er macht das 0:2! Jetzt macht er sich nass, und nun freut er sich, der dunkelhaarige Günes. Unsicherheit in der Innenverteidigung, Köpke langt daneben, van Eck langt daneben, Nikl steht daneben, und dann rutscht der Ball irgendwie über die Linie zum 0:2. Es ist nicht zu fassen! Es ist die 33. Minute. Hoch kommt der Ball rein. Zwei Cluberer springen am Ball vorball, dann geht der Ball als Kerze nach oben, kommt langsam runter. Nikl versucht zum Ball zu gehen, und sie schauen zu, wie einer mit dem Kopf rangeht. Und zwar ist das niemand anderes gewesen als Boubacar Diarra. Er gibt mit dem Kopf weiter auf Günes, und Günes bringt den Ball aus 35 Zentimetern dann über die Linie. Also ich will ja nichts beschreien, aber es sieht wirklich schwarz aus nach dieser Kopfballvorlage und dem Kopfballnickerer vom Günes. 0:2. Zurück zu Bayern eins.

Mehr durfte ich nicht mehr sagen, denn schon neun Sekunden später beginnt die deutschlandweite ARD-Halbzeitkonferenz. Dirk Schmitt vom HR ruft das Frankenstadion Nürnberg. Ab jetzt hört ganz Deutschland zu.

16.10 Uhr

Hier ist das Frankenstadion. Es steht 0:2. Das heißt also, die Freiburger können zaubern. Es scheint die Sonne im tiefen Keller für die Schwarzwälder. Und die Nürnberger zweimal düpiert, zweimal böse düpiert von Ali Günes. Das 0:1 machte er nach einer schönen scharfen Flanke, bei der die Nürnberger Innenverteidigung alles andere als gut aussah. Und das 0:2 nach einer Kopfballvorlage auf engstem Raum von Boubacar Diarra, der Nicker von ihm zum 0:2.

Die Fans, die 2500 etwa, die aus dem Schwarzwald gekommen sind, sie applaudieren natürlich. Und sie unterstützen ihre heute im dunkelblauen Trikot und in weißen Hosen antretenden Freiburger von Volker Finke.

Jetzt kommt der Club. Der Club mit einer Ecke von der linken Seite. Der Club hatte davor nur eine Chance durch Mark Oechler, ansonsten blieben sie blass. Der Club ohne Driller, ohne Wiesinger, ohne Lösch und ohne Torchance. Aber jetzt bei der Ecke, Mark Oechler scharf angezwirbelt, schöne Faustabwehr vom Golz. Aus dem Frankenstadion vor 45 000 Zuschauern, beim Spielstand von 0:2. Weiter zum Jens Jörg Rieck nach Stuttgart.

Stuttgart führt 1:0 gegen Bremen (Bobic), Hansa Rostock liegt mittlerweile 1:0 in Bochum vorne (Tor durch Neuville). Im Münchner Olympiastadion liegt der TSV 1860 München mit 4:3 gegen Schalke 04 vorne (Tor durch Kurz). Im Berliner Olympiastadion steht es zwischen Hertha BSC Berlin und dem Hamburger SV 1:0 (Preetz). Duisburg liegt mit 2:1 gegen Wolfsburg vorne und in Mönchengladbach steht es torlos zwischen dem Gastgeber und Borussia Dortmund, während in Leverkusen der FC Bayern München mit einer 1:0 Führung in die Kabine gehen wird. Nun ruft wieder Dirk Schmitt aus dem Frankfurter Waldstadion das Nürnberger Frankenstadion.

16.13 Uhr

Der Club in der Abwehr orientierungslos. Leichtfertig verspielt er möglicherweise den Klassenerhalt. Nur noch drei Tore in Frankfurt und der Club wäre abgestiegen. Freiburg kontert eiskalt, sie tun sich jetzt natürlich spielerisch leicht und locker hier mit ihrer 2:0-Führung. Der Club wird froh sein, wenn erst einmal Pause ist. Keine einzige hundertprozentige Torchance für die Cluberer, denen natürlich der Wiesinger fehlt. Aber das ist keine Entschuldigung, denn Freiburg, denen fehlen alle möglichen Spieler.

Jetzt kommt der Club noch einmal mit Günther. Günther hatte eine schöne Szene. Spielt zum Sambatänzer Weigl. Weigl legt sich den Ball rechts vor, bleibt beim Willi hängen. Er heißt tatsächlich Willi, nicht wie die anderen als Suffix, sondern er heißt Tobias Willi. Er ist ein Vertragsamateur, spielt zum zweiten Mal erst für den Sportclub Freiburg, ist zwanzig Jahre jung. Jetzt kommt der Freistoß, der Freistoß für den 1. Fußballclub Nürnberg beim Spielstand von – falls sie es noch nicht gehört haben, liebe Fußballfreunde – 0:2. In unserer Kellerkonferenz sind wir im Frankenstadion. Der Freistoß, die Flanke, vorbei, vorbei, aber die erste große Chance für Nürnberg. Nürnberg gegen Freiburg 0:2.

Um 16.15 Uhr ist fast überall Halbzeitpause. Noch einmal geht ein schneller Rundruf durch die Stadien, in denen heute die Kellerkinder spielen. Jeder Hörer, egal ob am Tegernsee oder in Flensburg, ob in Prenzlau oder in Friedrichshafen, weiß mittlerweile: Nur da kann es heute noch spannend werden. Die Meisterschaft ist schon seit Wochen entschieden. Auch Bayer Leverkusen ist selbst bei einer Niederlage nicht mehr vom zweiten Platz zu verdrängen. Mit folgenden Worten wird Nürnberg kurz vor der Halbzeit noch einmal aus Frankfurt gerufen: »Es steht 0:0 zur Pause in Frankfurt. Damit ist Frankfurt abgestiegen, aber wir haben noch 45 Minuten. Gelle, Günther Koch?« Was der so Angesprochene sich dabei dachte, als er diese fast schon seherische, zumindest aber herausfordernde, wenn nicht gar hinterhältige bis gehässige Bemerkung in seinem Kopfhörer in Nürnberg hörte …? Zumindest tat ich so, als hätte ich sie nicht gehört oder nicht begriffen, und blieb am Ball. Denn im Südosten Nürnbergs wurde noch gespielt.

16.16 Uhr

> Hier vielleicht noch eine halbe Minute zu spielen im Frankenstadion. Die Freiburger ganz locker, ganz souverän. Und ich wiederhole es, mit zahlreichem Ersatz führen sie hier mit 2:0. Die Nürnberger sehen so schwach aus, dass man sich momentan zumindest nicht vorstellen kann, dass sie zum Ausgleich oder zum Anschlusstreffer, und schon gar nicht vor der Pause, kommen könnten. Oder doch? Nein. Jetzt kommt noch mal der Ball in den Strafraum der Spieler von Volker Finke, aber ganz locker abgefangen von Wassmer. Die Quittung ist das Konzert des Publikums [im Hintergrund hört man ein ohrenbetäubendes Pfeifkonzert, G. K.]. Es steht 0:2. Bravo Freiburg! Club: Ihr müsst euch wahnsinnig steigern, wenn ihr drin bleiben wollt.

Deutlicher konnte man es wohl kaum sagen. Und das schon zur Pause. Frankfurt steht immer noch schlechter als Nürnberg. Allerdings ist auch Hansa Rostock durch die Führung beim VfL Bochum einen Punkt vor Nürnberg. Stuttgart scheint zur Pause bereits aus dem Schneider, weil Bremen überhaupt nichts tut. Im Fachorgan *Kicker* wird später stehen, dass die Bremer in neunzig Minuten keine einzige Torchance hatten, obwohl die Stuttgarter Angriffsbemühungen schon nach dreißig Minuten »weitgehend erlahmten«. Und Freiburg? Die hatten es jetzt selbst in der Hand, sich am letzten Spieltag zu retten.

Doch zunächst ist Halbzeitpause in allen neun deutschen Bundesliga-Stadien In dieser Zeit antwortet Thomas Brunner, der Nürnberger Co-Trainer, unserem tüchtigen Kurvenreporter Florian Hecht auf die Frage, ob jetzt Nürnberg auf Frankfurt hoffen müsse:

»Wir brauchen auf gar niemanden zu hoffen. Wir haben drei Punkte Vorsprung, das bessere Torverhältnis. Wir müssen jetzt nur schauen, dass wir ein Tor erzielen, und dann können wir das Spiel sogar noch gewinnen.«

Dann beginnt die zweite Spielhälfte. An diesem Tag gibt es eine Mammutkonferenz aller neun Spiele der Fußballbundesliga. Das ist nur am letzten und am vorletzten Spieltag so, jeweils bereits ab 16.35 Uhr. Ich werde erstmals in der zweiten Spielhälfte gerufen und spüre die nervliche Anspannung. Daher beginne ich meine Reportage – wegen eines irrtümlich fehl geleiteten Falsch-Kommandos, das wohl einem anderen Reporter oder dem Ü-Wagen in irgendeinem Stadion gilt – doch glatt wie folgt.

16.32 Uhr

Bitte nicht reinreden, wenn ich gerufen werde. Ich nehme an, ich bin gerufen worden. Hier in Nürnberg wird wieder gespielt. Es steht 0:2. Erste überraschende Reaktionen vom Trainer Rausch. Er bringt in die Mannschaft der Cluberer zwei neue Spieler. Dass er Ziemer bringen würde, damit konnte man rechnen. Dass er Knut Reinhardt auf der linken Seite bringt, damit muss man nicht unbedingt rechnen. Es steht 0:2. Und ich sage es noch einmal, die Freiburger haben locker gekontert, haben den Club ausgekontert, aus dessen Mittelfeld kam wenig. Vorne die Spitzen blieben weitgehend stumpf. Und es soll angeblich beim 0:2 ein Handspiel im Spiel gewesen sein. Ich, liebe Freunde, habe das nicht gesehen. Es ist 16.33 Uhr und 33 Sekunden, ich muss mich verabschieden wegen Platzwechsels zum anderen Mikrofon. Das könnte die schlimmste Stunde des Clubs werden, aber der hat ja diesbezüglich reichlich Erfahrung.

Fliegender Platzwechsel der Reporter in Nürnberg auf HT drei in Reihe neun. Wolfgang Reichmann, mein lieber Kollege neben mir, hat heute als ARD-Reporter wegen der Mammut-Konferenz viel weniger 45-Sekunden-Abrufe für die außerbayerischen ARD-Sender als sonst üblich. Nun hat er sogar fast 45 Minuten Sprechpause, wird aber nach dem Spiel verschiedene ARD-Kommentare sprechen müssen. Jetzt heißt es also Kopfhörer-, Mikrofon- und Platzwechsel für uns beide. Das Ganze muss in knapp dreißig Sekunden erledigt sein. Nun startet die große Bundesliga-Konferenz aller ARD-Sender. Gerade schießt Eintracht Frankfurt das 1:0 gegen den 1. FC Kaiserslautern, Torschütze ist Yang. Dann geht es direkt weiter nach Nürnberg.

16.36 Uhr

> Die meisten können das hier gar nicht glauben. Der Club jetzt mit Knut Reinhardt und mit Thomas Ziemer. Der Club, der immer noch hinten liegt gegen die toll spielenden Freiburger, die mit zahlreichem Ersatz angetreten sind. Und locker gekontert haben zum 0:1 und 0:2 durch Günes. Beide Male. Es steht nach wie vor 0:2. Der Club ohne klare Torgelegenheit in der ersten Spielhälfte. Jetzt mit Knut Reinhardt auf Kuka, Kuka kommt zu spät. Schuss von Ziemer. Dreieinhalb Meter über die Querlatte. Frankenstadion ausverkauft. Nürnberg liegt hinten. Möglicherweise gehen sie wieder am letzten Spieltag unter, wenn Frankfurt noch zwei Treffer erzielen sollte. Aus dem Frankenstadion beim Spielstand von 0:2 nach Stuttgart, Stuttgart gegen Bremen.

In Stuttgart ist deutlich hörbar nichts los – Sommerfußball halt. Urlaubsstimmung allenthalben. Stuttgart reicht das 1:0, und Bremen ist alles egal. In Bochum führt immer noch Hansa Rostock mit 1:0. Dann der Ruf aus Bochum, aus dem Pott also, von Manfred Breuckmann, nach Nürnberg.

16.42 Uhr

In der Pause schlürfte man Sekt und man offerierte Eisbombe. Hat man keine Ahnung, dass der Club möglicherweise wieder in den Abgrund stürzt? Frankfurt führt, der Club liegt hinten. Der Dirk hat es gesagt, man könnte sagen, es steht noch 13:11 für den Club. Zwei Tore Vorsprung in der Gesamtabrechnung bei Punktgleichheit, bei 37 Punkten. Aber die Cluberer liegen hinten gegen den Sportclub Freiburg 0:2. Sie haben gewechselt. Anstelle von Sven Günther kam in die Mannschaft Knut Reinhardt. Auf der linken Seite macht er nichts anderes, als blind den Ball nach vorne zu schlagen. Aber weder Kuka noch Ciric kommen an den Ball. Auch Jochen Weigl, der Joker der letzten Spiele, ist nicht mehr mit von der Partie. Vielleicht hätte man ihn besser nicht von Anfang an, sondern nur als Joker gebracht. An seiner Stelle Thomas Ziemer.

Und sie hören das Aufschreien des Publikums im Frankenstadion. Das heißt Konter für die tapferen Freiburger, die sich natürlich Zeit lassen, dann auf den Ball steigen, Drehung links, Drehung rechts, Pavlin zu Müller, zurück zu Hermel, der zu Diarra, Wassmer muss nicht eingreifen, zurücklaufen lassen den Ball. Schön gemacht! Zu Boubacar Diarra, den Vorbereiter des 0:2. Der Club ohne Saft, ohne Kraft. Im Moment sieht es nicht so aus, als ob er überhaupt begriffe, worum es hier geht. Es geht möglicherweise abermals in den Keller, in den tiefen, tiefen Keller. Aber noch scheint die Sonne über dem Frankenstadion. Doch die ersten graublau dunklen Wolken ziehen sich schon zusammen hier über dem weiten Rund am großen Dutzendteich. Das ausverkaufte Stadion. Spielstand Club gegen Freiburg 0:2.

Das mit dem Sekt und der Eisbombe verdankte ich meinem jahrelangen Freund und Assistenten im Nürnberger Stadion, dem schnauzbärtigen Richi Kraus aus Kirchensittenbach bei Hersbruck. Der war wie immer in der Pause für mich auf Recherche-Tour durch die Katakomben und konnte dabei auch einen Blick in die VIP-Räume werfen. Immer noch führt Frankfurt 1:0. Aber wenn die noch zwei Tore schießen, haben sie eine Chance, das rettende Ufer zu erreichen. Gut eine halbe Stunde ist noch Zeit …

16.46 Uhr

Harmlos, gelähmt, unsicher, nervös, mit wackligen Knien, der »FC Wackelknie«, der FC Nürnberg, die Cluberer. Ja, was ist denn? Wo denn? Da muss man doch kämpfen, wenn es gegen den Abstieg geht! Der Sportclub frei, locker. Der »SC Lockerburg« spielt hier. Muss sich nicht einmal anstrengen. Es gab einen Schuss der Cluberer. Es sei geklagt. Es sei gesagt. Von Ciric, sechzigste Minute nach tollem Einsatz von Kuka. Aber ganz sicher: Richard Golz, der den Ball festgehalten hat. Der Club, die Nürnberger, liegen immer noch hinten mit 0:2 gegen den Sportclub Freiburg, der nun weiß Gott nicht zu den auswärtsstarken Mannschaften zählt.

Aber wie leichtfüßig, wie locker sie sich den Ball immer wieder zuspielen: Hermel auf Wassmer auf Willi, und wie sie dann die nervösen Nürnberger düpieren, das muss erschrecken. Schön, wie jetzt der SC Freiburg über zwei, drei, vier Stationen den Ball weiterlaufen lässt und zwar jetzt zu Lars Hermel, jetzt Steilvorlage, und hinten müssen sie aufpassen. Frank Baumann, er kann gerade noch den Ball weiterspielen auf Ziemer, der in die Mannschaft gekommen ist beim 1. FCN, bei den Cluberern. Der steht nur rum, gestikuliert und ist jetzt schon nass geschwitzt. Gezeigt hat er noch gar nichts. Es steht 0:2. Das kann der Abstieg für die Cluberer sein. Es unterhalten sich Finke und es spricht Rausch mit ihm. Aber die haben alle keine Ahnung.

Doch, der Club wird informiert über Radio. Das sehe ich jetzt. Durch die Pressesprecherin, die hier steht. Aber hier tut sich nichts, wenn der Club sich nicht mindestens um eine Klasse verbessert. Er liegt hinten mit 0:2 und hat erst in der sechzigsten Minute zum ersten Mal eine überhaupt erwähnenswerte Torchance gehabt. Freiburg wechselt jetzt, Adel Sellimi kommt in die Mannschaft hinein, und der Oldie Uwe Wassmer, der gut gespielt hat, geht raus. Volker Finke und seine Jungs spielen klasse! Sie tun das, was nötig ist: Ball halten, tänzeln, schieben, zurückspielen. Und der Club? Nervös, ohne Linie und ohne Chance. 0:2 gegen die Nürnberger. Das sage ich nicht gerne, aber es ist die Wahrheit, und die, liebe Hörerinnen und Hörer, werden sie immer von mir hören. Nürnberg gegen Freiburg 0:2.

Niemand hat mich bisher unterbrochen, weil nirgendwo ein Tor gefallen ist. Bisher. Aber gerade knapp zwei Minuten später meldet sich plötzlich der Kollege aus Frankfurt in der Konferenz: Kaiserslautern gleicht aus zum 1:1. Ein von Schjönberg verwandelter Strafstoß, 68. Spielminute. Der Kollege Dirk Schmitt kommt gar nicht dazu, seinen Satz zu Ende zu sprechen, und wird andauernd unterbrochen wegen eines vollkommen unwichtigen Torschreis aus Berlin.

Von nun an heißt es für alle, sowohl Reporter als auch Hörer (an jenem Tage in den nun beginnenden dramatischen Minuten weltweit bis zu elf Millionen): die Gedanken sammeln, mitrechnen und volle Konzentration bis zum bitteren Ende. Unseren ehemals ruhmreichen Club aus Nürnberg hatte bisher keiner als potenziellen Absteiger auf seiner Rechnung. Doch nun beginnt eine neue, rasende Zeitrechnung mit sich laufend verändernden Tabellenpositionen in Frankfurt, Bochum und Nürnberg. Mit dem gegenwärtigen 1:1 in Frankfurt sind die Pfälzer wieder direkt nach Hertha BSC Berlin und vor Borussia Dortmund auf dem höchst lukrativen Rang vier in der Tabelle. Dieser Platz bedeutet nämlich 1999 noch die Teilnahmeberechtigung zur Qualifikation für die Champions League. Des Dramas nächster Teil beginnt.

16.54 Uhr

Nur Jubel beim Strafstoßtor. Sie haben fast alle ihre Radios dabei. So einen Jubel im Frankenstadion bei einer Radioübertragung von einem anderen Sportplatz habe ich überhaupt noch nie erlebt. Da jubelte das Publikum. Die waren alle live on air. Aber wo bleibt denn euer Charakter, liebe Jungs, liebe Cluberer? Kämpfen! Nichts da! Freiburg spielt tralala, zweimal, dreimal, viermal. Und der Club nach wie vor ohne Chance. Man darf sich doch nicht nur auf Fremdhilfe verlassen! Man muss doch diesem treuen Publikum, das seinesgleichen in Deutschland sucht, etwas bieten. Nichts dergleichen ist bisher zu sehen. Es steht 0:2 gegen die Nürnberger, und der SC Freiburg führt. Jetzt wird es hier amtlich auch angezeigt, das 1:1 aus Frankfurt. Aber liebe Fußballfreunde, das ist ja nur ein Zwischenstand und zu spielen sind noch satte siebzehn, achtzehn Minuten. Und auch Volker Finke weiß: Er muss aufpassen. Denn er darf ja nicht verlieren, denn Frankfurt kann ja immer noch gewinnen. Also das ist die Hölle. Das ist absolut unglaublich.

Kaum ist dieser Satz zu Ende gesprochen, ertönt ein Jubelschrei aus dem Frankfurter Waldstadion. Die Eintracht führt wieder. Es steht nun 2:1. Mich packt das nackte Entsetzen. Fassungslos registriere ich, dass die Nürnberger Spieler und auch die 43 000 Zuschauer ab diesem Zeitpunkt nicht mehr über die anderen Zwischenstände informiert werden.

Keine zwei Minuten später meldet Manni Breuckmann das 1:1 aus Bochum: Der Ausgleich gegen den FC Hansa Rostock! Sollte jetzt doch die Hansa-Kogge untergehen und absteigen? Und nicht Nürnberg und auch nicht Frankfurt? Ich bekomme langsam Schwierigkeiten, in meinem Reporterhirn Ordnung herzustellen. Und während ich noch meine Gedanken ordne, fällt in Bochum schon wieder ein Tor. Manfred Breuckmann ist überhaupt nicht mehr zu halten.

»Tor für Bochum! Jetzt führt Bochum mit 2:1. Torschütze Peschel in der 74. Minute!«

Damit scheint kurz vor 17 Uhr Rostock mit seinen dürftigen 35 Punkten abgestiegen. Die hatten 1:0 geführt und mussten jetzt innerhalb weniger Minuten zwei Tore kassieren. Und das am letzten Spieltag – das haut so gut wie jede Mannschaft um. Noch etwa 15 Minuten zu spielen und riesige Freude in Frankfurt und Nürnberg. In Frankfurt haben die meisten Zuschauer kleine Transistorradios dabei. Jetzt steigt Rostock ab, wenn Kaiserslautern in Frankfurt den Ausgleich zum 2:2 nicht mehr schafft. Dann hätten Frankfurt und Nürnberg 37 Punkte und Rostock bliebe bei 35 Punkten stehen. Mit einem Hinweis auf die zahllosen Fans mit Miniradios im Frankfurter Stadion ruft Dirk Schmitt wieder Nürnberg.

17.04 Uhr

Radio, Radio, Radio. Das schnellste Medium der Welt! Aber sie tun mir Leid, die Rostocker. Wenn es dabei bleiben sollte, haben wir keinen Verein mehr in der Bundesliga aus dem Osten. Hansa Rostock im Moment, um 17.05 Uhr, in der Zweiten Liga. Darüber kann man sich, darüber darf man sich nicht freuen! Denn man hat nicht unbedingt durch eigene Kraft dann die Klasse erhalten. Das gilt für Frankfurt und auch für die Cluberer. Denn man weiß ja genau, wer wo wie gespielt hat. Und wer wann und wie und wo verloren hat. Das können wir später noch vertiefen.[20]

Im Moment in Nürnberg der Spielstand 0:2. Gebanntes Hören an den Radios und immer wieder das Schauen auf die Anzeigentafel. Sogar ausländische Gäste aus England sind hier, um dieses Spektakel mitzukriegen. Aber nichts zu sehen von den Cluberern. Wo bleibt eure Ehre? Was habt ihr eurem Publikum zu bieten? Kämpfen, kämpfen, heißt es. Sie wackeln mit den Knien, und sie haben keine Chance. Freiburg hält das 2:0, schiebt sich den Ball zu. Die Pfiffe sind die korrekte Quittung für das lasche Angehen der Nürnberger, die mich wirklich enttäuschen. Spielstand jetzt, bei der Möglichkeit von Freiburg auf 3:0 zu erhöhen, immer noch 0:2.

Dazwischen ein Tor in Mönchengladbach. Dortmund führt 2:0, wieder Chapuisat. Damit ist Dortmund im Moment auf einem Platz für die Champions League-Qualifikation. Kaiserslautern müsste in Frankfurt jetzt vehement versuchen, ein Unentschieden zu erkämpfen. Aber da steht es seit fast zehn Minuten schon 2:1 für die Eintracht. Alle Reporter horchen wie gebannt in ihre Kopfhörer, alle Radiohörer in Deutschland, in den Bergen, an der See oder im Ausland im Urlaub, verfolgen das Radio-Fußball-Abstiegsdrama 1999 weiter.

17.05 Uhr: *»Tor! Tor in Bochum. Das 2:2 für Rostock durch Agali.«*

»Tor! Tor in Frankfurt! Die Eintracht macht das 3:1 durch Gebhardt in der 80. Minute.« Beide Torschreie kommen fast zeitgleich, der Alt vom Manni Breuckmann aus dem Pott und die helle Stimme von Dirk Schmitt aus Hessen.

An manchen Bahnhöfen stehen Leute auf dem Bahnsteig und hören Radio. Im Ausland sind die deutschsprachigen Menschen dank der in allen Kontinenten überall auf Kurzwelle gut empfangbaren Deutschen Welle mit von der Partie. Sie sitzen gebannt im

Sand am Strand oder stehen von einem Fuß auf den andern tippelnd im Bistro oder sind früher aufgestanden oder nachts länger aufgeblieben. Wieder andere hören es auf dem Boot, im Auto, aber auch in Krankenhäusern, sie stehen daheim in der Küche oder schalten den Rasenmäher ab.

Hansa Rostock mit Pieckenhagen im Tor, Neuville und Agali im Sturm scheint tatsächlich noch mal zurück ins Spiel zu kommen, ist im Moment aber mit einem Unentschieden immer noch dritter Absteiger. Eintracht Frankfurt und der 1. FC Nürnberg wären im Moment gerettet. Aber der FCN schläft. Im Nürnberger Frankenstadion wissen die meisten Zuschauer und vor allem auch die Spieler auf dem Rasen nämlich überhaupt nicht, was sich andernorts für ungeahnte Dramen abspielen. Nur die Radiohörer im Frankenstadion werden immer verzweifelter. Sie, die vorher noch gelacht und den Reporter im Stadion verflucht haben, ihnen glaubt jetzt keiner mehr.

Wenn Freiburg in Nürnberg noch ein Tor glückt, oder wenn Frankfurt in Frankfurt noch ein Tor schießt, oder wenn Rostock in Bochum noch ein drittes Tor macht, steigt Nürnberg ab. Und schon ist wieder Nürnberg dran, gerufen zu werden. In den letzten paar Minuten sind keine Tore gefallen. Weder in Bochum noch in Frankfurt. Die anderen Bundesligaschauplätze interessieren im Moment niemanden mehr.

Die Regie des WDR als federführender Sender der Bundesliga-Konferenz hat längst den Reportern in den anderen sechs Stadien in Berlin, München, Leverkusen, Stuttgart, Duisburg und Mönchengladbach mitgeteilt, sich erst wieder zu melden, wenn der finale Abstiegs-Dreikampf Rostock–Frankfurt–Nürnberg endgültig entschieden ist. Und nun überschlagen sich die Ereignisse.

17.09 Uhr

Freiburg hat es in der Hand die Bundesliga zu entscheiden, wenn Freiburg noch einen Treffer macht. Denn die Cluberer werden keinen machen, so sieht es aus. Dann ist Frankfurt drin und der Club draußen. Nur noch zehn Zentimeter – bestenfalls – steht der Club vor dem Abgrund.

Da kommt der Aufschrei aus Frankfurt von Dirk Schmitt vom Hessischen Rundfunk: »*Tor in Frankfurt! 4:1 für Frankfurt durch Bernd Schneider!*« Fieberhaft überdenke ich die neueste Situation: Im Moment ist Nürnberg abgestiegen, da jetzt Frankfurt und der Club zwar dieselbe Punktzahl (37 Punkte) und auch dasselbe Torverhältnis (-11) haben. Aber die Eintracht hat mehr erzielte Tore (momentan 43 gegenüber 39)! Und genau das entscheidet, wenn es keinen anderen rechnerischen Unterschied mehr gibt. Frankfurt ist im Moment sensationell gerettet, wenn Nürnberg nicht bald ein Tor schießt.

Aber es gibt ja noch Rostock. Hansa Rostock mit seinem Trainer Andreas Zachhuber genügt das momentane Unentschieden in Bochum (damit 35 Punkte) noch nicht zum Erreichen des rettenden Ufers. Was aber, wenn Rostock noch ein Tor schießt? Wieder beginne ich wie wild zu rechnen. Da kommt schon der bange Ruf aus Frankfurt nach Nürnberg: »Was macht der Club?«

17.11 Uhr

Er liegt hinten mit 0:2. Das ist Alibi-Fußball! Du hast alles gesagt. Im Moment ist der Club nach 1969, 1979, nach 1984, nach 1994 und nach 1999 fast abgestiegen. Alles hängt jetzt von Bochum gegen Hansa Rostock ab. Frankfurt ist besser. Der Club taumelt. Der Club hängt am Abgrund.

Da kommt der markerschütternde Breuckmann-Schrei aus Bochum: »*Und Tor! Tor für Rostock! Majak, der eingewechselte Majak macht ein Kopfballtor und 7000 Ostseeanrainer, die 7000 Fans, die mitgereist sind, sie sind aus dem Häuschen. Hansa Rostock führt um 17.12 Uhr mit 3:2. Und alles kann gut werden für Hansa.*«

Aber auch ich schreie plötzlich auf.

17.13 Uhr

Tor! Tor! Tor! Tor in Nürnberg! Ich pack das nicht! Ich halt das nicht mehr aus! Ich will das nicht mehr sehen! Aber sie haben ein Tor gemacht. Ich glaub es nicht, aber der Ball ist drin! Ich weiß nicht, wie:. Kopfball von Nikl! Die Leute haben es gehört, dass Frankfurt vorne liegt, dass Rostock vorne liegt. Jetzt liegt der Ball im Netz. Nur noch 1:2. Ich halt das nicht mehr aus. Nein, es tut mir Leid. 1:2. Nikl per Kopf, Flanke von Kuka, Treffer für die Clu-berer! Es ist nicht zu fassen. Wir waren in Bochum. Wir waren in Frankfurt. Wir sind in Nürnberg. Was gibt es Neues in Bochum, Manfred Breuckmann?

Nürnberg wäre doch wieder gerettet – es ist fast schon 17.14 Uhr – es sei denn, die Eintracht aus Frankfurt schießt noch ein fünftes Tor. Was ihr in der gesamten Saison nie auch nur annähernd gelungen war. Im Gegenteil: In allen bisher gespielten 16 Heimspielen hat man bei 26 insgesamt erzielten Toren im Durchschnitt pro Heimspiel nur 1,6 Tore geschossen. Als das Tor aus Nürnberg im Frankfurter Stadion im Radio zu hören ist, ebbt urplötzlich der Siegestaumel der 52 845 Zuschauer in Frankfurt ab. Die Uhren scheinen still zu stehen und Totenstille kehrt ein.

Trotz des 4:1 ist in diesem Moment plötzlich doch wieder die Frankfurter Eintracht Absteiger Nummer drei. Dass der VfL Bochum, der schon seit Wochen als zweiter Absteiger neben

Gladbach feststeht, nochmals gegen Hansa Rostock in den verbleibenden Sekunden den Ausgleich erzielt, erscheint allen unwahrscheinlich. Immerhin könnte man dann in Nürnberg erst so richtig durchatmen. Wenn das in Bochum aber nicht sofort passiert oder gar Nürnberg gegen Freiburg in letzter Sekunde den 2:2-Ausgleich schafft, steigt Frankfurt unweigerlich in die Zweite Liga ab.

Noch ist der Club also nicht ganz abgestiegen. Um sicher zu sein, bräuchten sie noch den Ausgleich zum 2:2. Und tatsächlich hat der 1. FCN noch eine hundertprozentige Chance durch Baumann. Es klappt aber nicht. Baumann versagen die Nerven. Pavel Kuka hat zwar die bessere Laufrichtung zum gerade vom linken Innenpfosten schräg nach rechts abgeprallten Ball, sechs Meter vor dem Tor, aber Baumann geht dazwischen. Doch der scheinbar einfache Ball rutscht ihm etwas über den Innenspann an den Knöchel, und Torhüter Richard Golz kann am Boden liegend den dadurch verunglückten Ball festhalten.

Überall laufen die letzten 120 bis 180 Sekunden. Längst haben sich mittlerweile alle Zeitungs- und Fernsehkollegen um unseren Radioreportertisch versammelt. Gebannt aber auch gleichermaßen ungläubig starren sie mir ins Gesicht, um an meinem Mienenspiel abzulesen, wer nun absteigen wird, wen der Strudel jetzt endgültig mit in den Abgrund reißt. Denn – und das wird oft vergessen – auch für die Zeitungsreporter aus der jeweiligen Stadt sowie für die Radioreporter und Fernsehkommentatoren des jeweiligen Heimatsenders bedeutet ein Abstieg »ihres« Vereins jeweils indirekt auch einen beruflichen Mitabstieg in die Zweitklassigkeit. Wolfgang Reichmann, der über seinen Kopfhörer alles mithört und unmittelbar nach Spielschluss zwei Kommentare absetzen muss, sitzt leichenblass neben mir und schaut mich nur noch kopfschüttelnd an.

Bochum um 17.15 Uhr. Keine Ergebnisveränderung, Hansa Rostock schaukelt das 3:2 nach Hause, ist so gut wie gerettet. Da wird nichts mehr schief gehen. Jubelszenen dort. Frankfurt um 17.15 Uhr und 30 Sekunden. Ein vorletztes Mal kommt Frankfurt dran, Dirk Schmitt sagt, es fehle noch ein Tor. Hinter der Frankfurter Trainerbank ist vor etwa dreißig Sekunden per ARD-Radio die Information über das Club-Tor an Co-Trainer Bernhard Lippert und den ausgewechselten Spieler Thomas Epp weitergegeben worden. Deshalb ist es im Waldstadion seit fast einer Minute so still geworden. Nun läuft Frankfurts Co-Trainer Bernhard Lippert ein letztes Mal vom Radio hinter der Bank an der Spielerbank vorbei bis an den Spielfeldrand und brüllt ins Spielfeld: »Wir brauchen noch ein Tor! Es reicht nicht!«

Jan-Aage Fjörtoft schaltet als Erster und ruft dem Co-Trainer zu: »Dann mach ich eben noch eins!« Wie in Trance übernimmt er den Ball, macht gegen Tormann Reinke einen Übersteiger, und schon ist es passiert: *»Fjörtoft macht das 5:1.«* Mein hessischer Kollege Dirk Schmitt ist verständlicherweise so außer sich, dass er erst nach Luft ringen muss, um mit letzter Kraft einen weiteren letzten Satz in den Äther zu krächzen: »Damit ist wieder der 1. FC Nürnberg in der 2. Liga –«

Mehr sagt er nicht. Dann folgen vier endlos lange Sekunden betroffener Stille im Äther. Eine lange Zeit, Radiohörer wissen das. Und werden sofort hellhörig. Der rücksichtsvolle Mann des Hessischen Rundfunks ruft den Nürnberger Kollegen vom Bayerischen Rundfunk nicht mehr. Natürlich ist mir klar, dass ich jetzt dran bin. Lediglich aus sportlichem Anstand und fairer Rücksichtnahme hat mich niemand dazu aufgefordert, mich zu melden und weiterzumachen. Längst ist der Windschutz meines Mikrofons durchnässt. In dieser Sekunde gehen mir tausend Gedanken gleichzeitig durch den Kopf.

Jetzt muss ich noch einmal etwas sagen, ob ich will oder nicht. Und ich denke an die ahnungslosen Zuschauer im Frankenstadion. Und an die vielen Fans draußen vor dem Stadion, die noch in diesem Moment tatsächlich vor einer großen Show-Bühne den Klassenerhalt feiern wollen. Aber natürlich muss ich auch an die nun überglücklichen Anhänger und Sympathisanten von den vier anderen Vereinen denken, nämlich jene des VfB Stuttgart, des Sportclubs Freiburg, von Hansa Rostock und vor allem von der Frankfurter Eintracht. Vor mir, unter mir, neben mir aber – nichts als ungläubige Fassungslosigkeit.

17.17 Uhr

Hallo, hier ist Nürnberg. Wir melden uns vom Abgrund. Nürnberg–Freiburg 1:2. So wie Bayern wegen des linken Torpfostens in Nou Camp in Barcelona verloren hat, steigt der Club ab, wenn er absteigt, wegen des linken Torpfostens vor der Nordkurve. Nikl drosch den Ball an den Pfosten. Er war nicht zu erreichen. Torhüter Golz flog durch die Luft. Der Ball klatscht vom Pfosten zurück und ging nicht ins Tor, sondern vor die Füße von Frank Baumann. Frank Baumann bringt dann aus sechs Metern den Ball nicht im Tor unter. Und so steht es nach wie vor nur 1:2. Der Club, der schon abgestiegen war, zwischen 17.08 Uhr und 17.10 Uhr, ist im Moment abgestiegen. Denn das Spiel hier ist aus!

Ade, liebe Freunde! Es ist nicht zu fassen, was der Club seinen Fans, was er seinen Anhängern und was er seinem treuen Publikum zumutet, die noch gar nicht einmal ahnen, was in Frankfurt bei der Mannschaft von Otto Rehhagel, die mit einem sensationellen Ergebnis am letzten Spieltag aufwartet, alles bietet. Der Club verliert mit 1:2, und er hat wenig Haltung bewiesen. Erst in den Schlussminuten hat er gekämpft. Liebe Cluberer, es tut mir Leid: Das musste nicht sein! Das musste nicht sein!

Respekt und Anerkennung an die Adresse der anderen Vereine, der Spieler und der Offiziellen, wenn es denn dabei bleibt.

Ich rufe noch einmal Manni Breuckmann in Bochum.[21]

Da war nämlich noch eine gute Minute zu spielen und ein kleines bisschen Resthoffnung. Der souveräne Manni versucht mich mit rührenden Worten live vor etwa elf Millionen Hörern zu trösten, weil völlig unerwartet ausgerechnet wieder mal der Club aus Nürnberg abgestiegen ist. Kurz danach ist auch das Spiel in Bochum aus und Hansa ebenfalls gerettet.

Anmerkungen

1 Vor einiger Zeit ist es mir endlich gelungen, durch Arnd Zeigler (der sympathische O-Ton-Sammler, Buchautor, Herausgeber zahlreicher wunderbarer Fußball-CDs, Radio-Moderator und eingefleischter SV-Werder-Bremen-Fan) Originalaufnahmen von Bryan Butler zu bekommen. Es war ein unvergleichliches Erlebnis, ihn wieder zu hören.

2 Das Wiederholungsspiel am 26. Januar 2004 wurde vom DFB verfügt, da in einer ersten Begegnung der Nürnberger Trainer von einem Wurfgeschoss aus dem Publikum getroffen worden war.

3 Als ich Helmer bei der nächsten Gelegenheit um ein Interview bat, hat er mir das übrigens verweigert. Mittlerweile ist Helmer selbst für einen Bezahlsender mit dem Mikrofon unterwegs und bettelt um Interviews.

4 So klein war es gar nicht, das Uher 4000 Aufnahmegerät. Aus alter Liebe habe ich es sogar aufgehoben und neulich getestet – es funktionierte noch.

5 Was anderes ist es da schon am Telefon, wenn es um etwas Wichtiges geht. Oder auch mal im Restaurant, wenn man nicht aufpasst und Vollgas beim Sprechen gibt. Oder wenn man wirklich erkannt werden will, um noch einen schönen Platz zu bekommen. Albern, aber leider wahr.

6 Später wird sich herausstellen, dass einige der kostbaren und heiß erkämpften Flash-Interviews erst verspätet an die wartenden Sender der ARD weitergeleitet wurden. Und das bei einer für viele doch überraschenden, vorzeitigen Meisterfeier drei Spieltage vor dem Ende einer Saison auf dem Rasen. Dies wiederum hat es in 41 Jahren Bundesliga bisher nämlich insgesamt erst viermal gegeben. Dreimal war das ebenfalls den Bayern und einmal dem SV Werder Bremen gelungen.

7 Ein »Flash« ist ein ganz kurzer Kommentar zum Spielverlauf von maximal vierzig Sekunden Länge – und zwar unbedingt sofort im Anschluss an jede Spielhälfte.

8 Für die Abteilung Hörspiel und Medienkunst des Bayerischen Rundfunks sammelte ich dort Geräusche für mein 95 Minuten langes Echtzeithörspiel »Geisterspiel«, das vom BR im Januar 2005 gesendet wurde.

9 Der frühere Traunsteiner Hinterstocker wurde übrigens im WM-Jahr 1954 mit seinem neuen Verein, dem VfB Stuttgart, Deutscher Pokalsieger. Damals spielten Bögelein im Tor sowie Retter, Schlienz, Barufka, Blessing und Wald-

ner, der auch das 1:0 in der Verlängerung gegen den 1. FC Köln geschossen hatte. Beim FC Bayern spielte in den fünfziger Jahren mit Manthey auch ein früherer Traunsteiner. Der gab mir mal eine knappe Stunde nach einem Punktspiel an der Straßenbahnhaltestelle gegenüber dem Grünwalder Stadion mit vor Kälte zitternden Händen ein Autogramm auf meinen kleinen blauen Autogrammblock.

10 Der 1955er Abstieg war mein erster und letzter Abstieg, den ich mit dem FC Bayern erlebte. Eine Saison lang spielten sie dann in der damaligen 2. Liga Süd u. a. gegen den ASV Cham, den FC Penzberg, den TSV Straubing, den FC Bayern Hof, den VfL Neustadt/Coburg, den Freiburger FC und den VfB Helmbrechts.

11 Der große schwarze Koffer mit dem schweren Reporter-Gerät, einem YOUCOM, der einen ganzen Ü-Wagen ersetzen soll.

12 Wer mehr über Schiedsrichter wissen will und z. B. auch über meinen Vorschlag als ehemaliger Schiedsrichter, dass unbelehrbare Spieler bei Meckern und Gelb-Rot lieber mal eine »schwarze Karte« kriegen sollten, um dann zur Strafe selbst mal ein Amateurspiel pfeifen zu müssen, dem sei das Buch »Der Schiedsrichter im Fußballsport oder Was heißt hier unparteiisch« (Hg. v. M. Fock) aus dem Fangorn Verlag empfohlen (erschienen 1996, mit Beiträgen von Bernd Heynemann und Dr. Markus Merk). Aus der heutigen Sicht ist der Titel leider fast zynisch.

13 Festgehalten ist die Reise in einem Filmprojekt von BR alpha.

14 Grundsätzlich sei bemerkt, dass es mir dabei nicht nur um die sportliche Leistung geht. Mir ist gerade das wichtig, was man Charakter nennt. Deshalb wird der aufmerksame Leser sich vielleicht bei manchen Namen wundern. Wie beim Kurzzeit-Cluberer Paolo Rink, der in der Rückrunde 2001/02 als überzeugender Vollblutprofi entscheidend zum Klassenerhalt des Clubs beitrug. Dass man das beim 1. FC Nürnberg durchaus auch anders gesehen hat, bestärkt mich eher noch in meiner Meinung.

15 Sie haben mir aus verschiedenen Gründen ganz besonders imponiert. Zudem werden sie alle dem hohen Anspruch einer Vorbildrolle und einer mündigen Persönlichkeit gerecht. Dazu zählen gerade eine eigene Meinung – und dass man hin und wieder bewusst aneckt.

16 Der bekennende Journalistenfreund Otto Rehhagel hatte schon mal am letzten Spieltag alles andere als knapp verloren. Das war im Mai 1978. Damals unterlag er mit der Borussia Dortmund auswärts bei Mönchengladbach sage und schreibe 0:12. Und dennoch hatte dieser Kantersieg Mönchengladbach damals nicht mehr ganz zur Meisterschaft gereicht. Zur gleichen Zeit gewann

nämlich der 1. FC Köln in Hamburg – aus guten Gründen im damaligen Volksparkstadion und eben nicht am Millerntor – gegen den FC St. Pauli 5:0. Und sicherte sich so die Meisterschaft.

17 Mein Kollege Wolfgang Reichmann, der damals neben mir saß und für die ARD bis 16.20 Uhr übertragen hatte, erinnert sich noch heute daran, wie ich nach dem Spiel murmelte: »Und ich Depp hätte alles verhindern können, wenn ich mir in der Halbzeit den tragbaren Sender und das tragbare Mikro hätte geben lassen!«

18 Noch im März 2005 sagt mir Helmut Rahner: »Wir waren einfach machtlos, und in den letzten Minuten ging alles viel zu schnell.«

19 Geänderter Auszug aus meinem längeren Artikel „Wenn der Kaiser weint" in der *Süddeutschen Zeitung* vom 29.12.2004.

20 Nur wenige begreifen sofort, was mit dieser Bemerkung gemeint ist: dass an diesem Tag abermals alles vom Torverhältnis abhängen wird. So wie schon in den Jahren 1998, 1994, 1992, 1989, 1986, 1985, 1982, 1980 – Nur besonders fixen Kopfrechnern fällt nun auf, dass die Einzelergebnisse aus den beiden Saisonspielen Nürnberg – FC Bayern München, Frankfurt – FC Bayern München und Rostock – FC Bayern München miteinander verglichen ein erstaunlich unterschiedliches Torverhältnis ergeben: +/- Null für Nürnberg, minus Eins für Eintracht Frankfurt, aber – und jetzt kommt's – minus Neun gegen Hansa Rostock.

21 Dabei habe ich mir in der letzten Einblendung offensichtlich einen kleinen Fehler erlaubt, denn schließlich war Rehhagel an diesem letzten Spieltag doch gar nicht der Trainer von Frankfurt. Er war der Trainer von Kaiserslautern. In Frankfurt saß Jörg Berger auf der Bank. Aber vielleicht war es ja kein Wunder, dass ich das durcheinander brachte. Mit Kaiserslauterns überraschend hoher Niederlage hätte nun wirklich niemand gerechnet.

Florian Illies
Generation Golf
Eine Inspektion
Band 15065

Mir geht es gut. Ich sitze in der warmen Badewanne, und zwischen meinen Knien schwimmt das braune Seeräuberschiff von Playmobil. Nachher schaue ich »Wetten, daß ...?« mit Frank Elstner, dazu gibt es Erdnußflips. Niemals wieder hatte ich in späteren Jahren solch ein sicheres Gefühl, zu einem bestimmten Zeitpunkt genau das Richtige zu tun.

»Dieses Buch ist wahr.«
Schlitzer Bote

»Illies ist ein Erinnerungsjunkie
und Geschichtsverdreher.«
Welt am Sonntag

»Kein Wunder, daß über kaum ein Buch mehr
geredet wird.«
Süddeutsche Zeitung

»Ein Skandal.«
Hamburger Abendblatt

Fischer Taschenbuch Verlag

fi 15065 / 1

Wolfgang Hars

Schicken ist fön

Ein Aufklärungsbuch für Männer

Band 15887

Nicht grübeln, Männer! Lesen!

Machen Muskeln Frauen scharf? Ist eine Glatze erotisch? Gehen Frauen weniger fremd? Harte Fakten statt emotionaler Intelligenz – vom Bestsellerautor Wolfgang Hars erfahren Männer, was sie schon immer wissen wollten.

»Kräftig rosa eingebunden, wie es sich für männliche Kinder gehört, bietet es die perfekte Alternative zum Stammtisch.«
Süddeutsche Zeitung

»Macht Männer schlauer.«
Für Sie

Fischer Taschenbuch Verlag

fi 15887 / 1

Tommy Jaud
Vollidiot
Der Roman
Band 16360

Nicht alle Männer sind Idioten. Einige sind Vollidioten.

Irgendwas läuft schief bei Simon, aber gründlich. Die richtige Frau steht zum falschen Zeitpunkt vor der Saunatür. In den eigenen vier Wänden drohen kroatische Übersprungshandlungen, im Fitnessstudio lauert Killerschwuchtel Popeye, in der persischen Cocktailbar sitzen Pulp-Fiction-Luftfahrthasen und im Spanischkurs zwei Hackfressen mit Betonpullovern. Aus einem Tag am Meer werden zwei Minuten im Separee der horizontalen Verkeilungen. Da helfen weder Paula-Tipps noch Schlemmerfilets. Und wenn man sich am Ende auch noch so richtig ›versimst‹, dann steht plötzlich ein kleiner Mann mit einem großen Bierkasten vor der Tür …

»Krallen Sie sich am Sofa fest,
Sie hüpfen sonst vor Lachen.«
Denglers Buchkritik, BILD am SONNTAG

»Skurril, trendy, amüsant. Tommy Jauds absurde Komik
ist perfekt für Singles, die ihr Dasein
nicht zum Lachen finden – hier können sie es!«
Freundin

Fischer Taschenbuch Verlag

fi 16360 / 1